心の扉をクリックする

心理カウンセリング
投影物語り法入門

公認心理師
江夏 亮

日貿出版社

はじめに

物語には、人を深く癒やす力があります。

「投影物語り法®」※は、世界中の多くの人が体験しているであろうこの実感をもとにつくった新しい心理療法です。クライエントが抱えている問題やテーマを、物語として創作し肯定的な結末に変えることで、トラウマや自分でも意識できていない心の傷を癒やすメソッドです。

「自分の人生を物語る」ということは、心理カウンセリングの基本です。しかし、物語るというのはなかなかに難しいものです。自分自身が本心を語ったと思っていても、実は表面的なことしか話していないことがあります。虐待やいじめなどの体験から、セラピストや周りの人を信頼できず、本音を明かせないときもあります。自分の内側にあるものを見て語ることを無意識のうちに恐れていることは、一般の健康な人にもよくあるでしょう。

私は心理セラピストとして、35年以上にわたり、さまざまな心理療法をクライエントに提供してきました。しかし、多様な技術を使っても「セラピーが行き詰まる」ことがあります。その行き詰まりを打破するために、これまで試行錯誤を繰り返してきました。

※「投影物語り法®」は商標登録された「江夏 心の健康相談室」のオリジナルメソッドです。商標6649208号

２０２５年の現在、心理の業界では、言語を使ったセラピーは基本としてありつつも、無意識を探究するために言葉以外のアートも活用する、また、心理療法の身体的なアプローチを行うことなども注目されています。

しかし、「自分を語ることでしか癒せない領域」あるいは「自分を語ることで癒される人」というのは確実に存在すると、私は長年の臨床で確信しています。

物語ることには、私たちがまだ知らない領域が存在します。

本書を通して、物語ることによる癒しについて少しでも好奇心を持っていただけたら、この本の目的は達成されたと言えるかもしれません。

それではさっそく始めましょう。

心理療法としての投影物語り法の特徴 32

第4章 投影物語り法の手順 119

第6章 ケーススタディ 185

第1章

物語との出会い

何かが心を〝クリック〟するとき

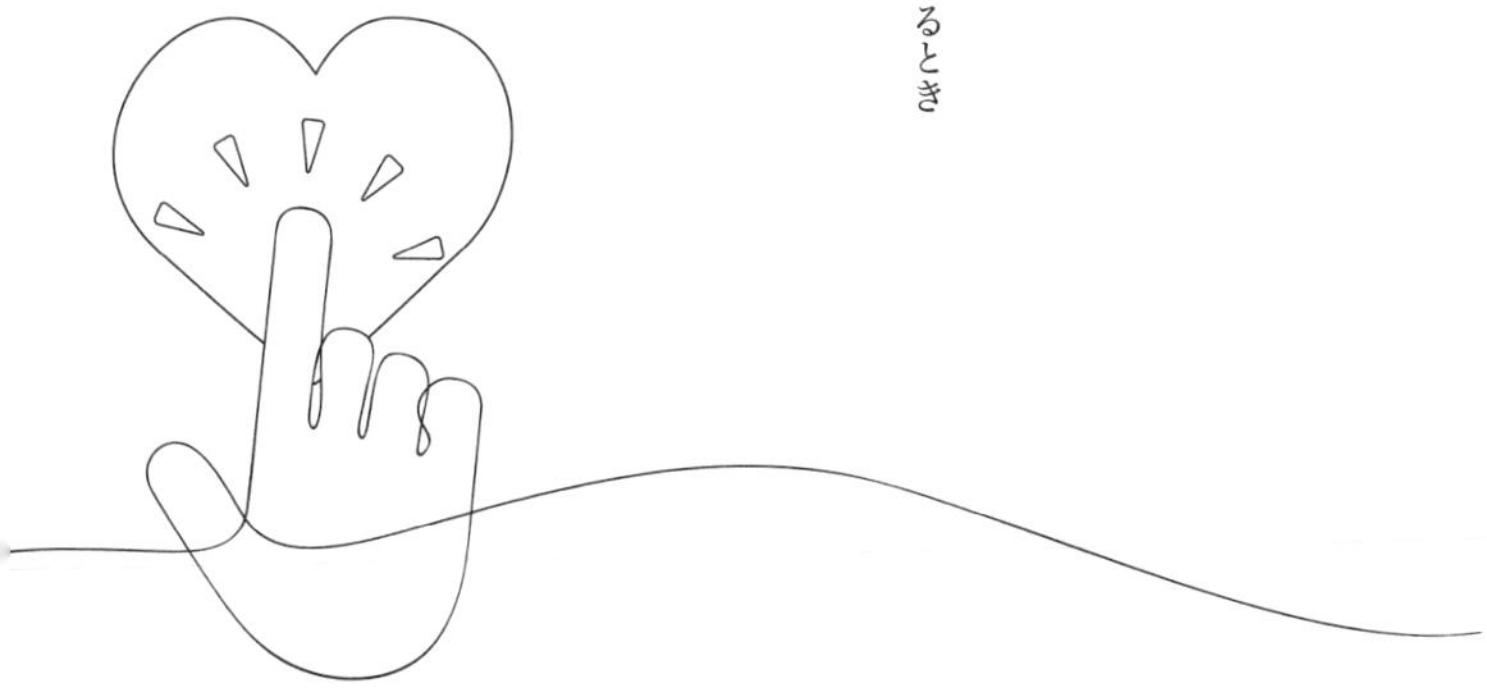

物語が「人生を如実に表現すること」を体験する

まずはじめに、私が「投影物語り法」をつくるに至った経緯をお話ししたいと思います。「物語を心理療法として使う」というアイディアは、私がゲシュタルト療法※を学び始めた1980年代半ばの頃から浮かんでいました。

当時、私はユングが書いた『人間と象徴』などを読み、夢の象徴が持つ力や、人類共通の普遍的な無意識に働きかける力について思いをめぐらせていました。このとき、ゲシュタルト療法のトレーニングコースを一緒に受けていたクラスメイトが、「メデューサの首を抱えているような夢を見た」と話してくれたことも印象に残っています。

夢だけではなく、神話にも関心がありました。ユングは神話の世界についても研究をしていました。ユング心理学を日本に紹介した心理学者の故・河合隼雄先生は、「日本の現代社会には神話がなく、神話を失ったことゆえにさまざまな不都合が起こってきている。今こそ神話の力を見直す必要がある」といったことをおっしゃっていました。

そんな中で、私は「セラピーとしての物語をつくる」というエクササイズを行いました。大手製鉄会社で研究員をしながら、ゲシュタルト療法のトレーニングコースに通っていた頃です。

※ゲシュタルト療法（Gestalt Therapy）は、心理学者・精神科医フリッツ・パールズ（Fritz Perls）とその妻ローラ・パールズ（Laura Perls）によって1950年代以降に発展した心理療法。「今ここにいる自分の感覚」をもとに、自分の感情や身体感覚、考え方、行動に対する気づきを得ることで、自己統合をはかっていく。

3年コースの2年目のとき、「自分の女性性・男性性を探求する」というエクササイズを行いました。それはサイコシンセシス※からヒントを得てつくられたエクササイズで、自分の男性性・女性性にぴったり合うイメージを使うというものでした。

「あなたの立っている先に、【あなたの男性性を表す家】があります。その家のドアを開けて中に入ったら、どんな人が出てきますか？」

という問いかけから、このエクササイズは始まりました。

私がこれを行ってみたところ、イメージとして浮かび上がってきたのは、古代ローマ帝国かギリシャあたりの将軍でした。彼は「ゴーシュ将軍」と呼ばれ、とても有能で領地をつつがなく治めていましたが、それゆえ自分にも周りの人間にも厳しい人物でした。イメージングを続けていくと、ある日、彼の国に敵の大群が押し寄せ、さすがの将軍もどうにもならなくなるというストーリーが展開していきました。将軍は秘密の抜け穴を知っていたので、将軍も、城の中の街にいた民もうまく逃げ出すことができました。

「この物語は、自分の男性性のイメージをぴったり表している」と当時の私は感じました。私

※psychosynthesis：イタリアの精神科医ロベルト・アサジオリが提唱した心理学。トランスパーソナル心理学の先駆者と位置づけられている。

はそれまでラ・サール学園、東京大学で学び、東大の大学院を経て、大手製鉄会社に勤める研究者として順調に人生を送ってきていました。新入社員のときから大きなプロジェクトの新製品開発を担当していて、まさに組織を率いるゴーシュ将軍のようであったと思います。血のにじむような努力の末、新製品は開発されて、それを製造する工場も建設されました。私は将軍のようにあるところまでは成功していましたが、心は限界ギリギリでした。社会的に認められることだけを求めて生きるには限界を迎えていました。

変化した、私の物語

最初の物語をつくってから1年後、そのイメージがどんな風に変化しているかを知るために同じエクササイズを行ってみました。すると、私の男性性の象徴であるゴーシュ将軍は、命からがらの状態で逃げ出した後、どこかの田舎に流れ着いていました。そして、その土地に住むある若い女性と家族に拾われていました。彼はその女性と一緒になり、生まれて初めてしみじみとした平穏な家庭のあたたかさを感じている光景が浮かんできました。さらに時期が経ってからもう一度物語をつくってみると、ゴーシュ将軍は「若い男性」のイメージに変化していました。

物語を自分でつくると、浮かび上がるイメージがその都度変化する、それは「私の人生のある側面」をとても上手に表していると、私はそのエクササイズを通して実感できました。

その頃の私は会社を辞めて、心理業界でカウンセラーとしてのキャリアをスタートしていました。また、プライベートでは子どもが誕生し、子育てを始めてもいました。クライエントをケアしたり、子どもを育てたりすることは、女性性の領域です。私の心の中にいるゴーシュ将軍に大事な女性ができて、さらに将軍が若い男性に変化したのは、この頃の私の状態にぴったりです。また、自分の感性を大切にして、理論と合わせて使う心理セラピーの仕事に従事し始めたこともイメージの変化に影響していたと思います。

それから、心理セラピーのトレーニングで教えられたエクササイズを行うだけでなく、自分自身のメソッドとして物語を使ったセラピーをつくることにも挑戦し始めました。

ゲシュタルト療法の最後のトレーニングのときに、トレーニング生自身がオリジナルの心理療法をつくって披露する授業が設けられていました。私は〝神話を使った心理療法をやってみよう〟と思いつきました。

私がつくったメソッドは、クライエント（そのときはトレーニング生）に今までの人生の出来事を書き出してもらい、それを神話の世界に置き換えてもらうというものでした。

トレーニング生Aさんに「大学に入った」という出来事を神話の世界に置き換えて、次に神話に置き換えた出来事を、ご自身で読んでもらいました。

私はこれを実践してみて、人生をある視点から見た俯瞰図が得られるという印象を受けました。例えば「大学入試に合格して、地方から東京の大学へ進学した」という記述を神話に置き換えます。すると、その出来事が「イニシエイションを受けて、自分のコミュニティを離れ、未知の世界へ旅立った」と読むことができます。神話は、日常生活よりも一段高く、普遍的な人類の心の視点を提供してくれる物語です。クライエント役をしてくれたAさんも、日常の瑣末な悩みから離れ、自分の人生の大きな流れとこれからの方向性を感じたようでした。

何かが「クリック」して書かれた物語は深い癒しを起こす

それからも、物語は、私の人生にたびたびやってきました。

ゲシュタルト療法のトレーニングを終えて数年後、私はアメリカに留学しました。ＩＴＰ※というトランスパーソナル心理学の大学院に入学したのです。ＩＴＰはトランスパーソナル心理学を打ち立てた研究者や心理療法家たちが設立した、世界初のトランスパーソナル心理学の大

※Institute of Transpersonal Psychology

学院です。この分野では非常に教育レベルが高い学校でした。

ＩＴＰ在学中に、私は「インテンシブ・ジャーナル・メソッド」というクラスに出席しました。ユング派の心理セラピストだったイラ・プロゴフが1960年代につくったメソッドです。その手法は、心のさまざまなテーマに関して「自分の中から自由にわきあがってくるものをどんどん書いていく」というものです。当時、2、3冊の本が英語で出版されていて、自分で行うためのマニュアル本もあり、その頃のトランスパーソナル心理学界隈では、自己セラピーとして非常にヒーリング効果が高いことで有名でした。

この方法を行う中で私が発見したのは、「何か」が自分の心の中でクリックすると、自然と「わきあがってくるもの」があって、それを文章の細かい点を気にしないでそのまま書きなぐるようにリアルタイムで綴っていくと、非常に深い癒しが起こるということでした。正しい文法や良い文章を書こうと意識するのも忘れて書き綴る。すると、下手なセラピーを受けるよりもピンポイントで心の何かに働きかけ、深い癒しが起こるのです。

また、クラスの他の人たちとも自分の物語をシェアし合うと、相乗効果でさらに深い癒しが起こりました。物語をつくるときに、先に筋書きや結末を決めて、ロジックでつくっていく人もいるかもしれません。しかし、私が出会ってきた「物語」はそういった類のものではありませんでした。頭でつくった物語に人を癒やす力はありません。自然と何かが心を「クリック」して、それを即興のように言葉や物語として書き綴ると、人は深い部分から変化していくのです。

この「クリックする感覚」は、その後の私のセラピーや、投影物語り法を実践する上でも重要なポイントになっています。

「肯定的な物語」が未来をつくる

1993年の暮れ、ＩＴＰでの学びを終えて私は帰国しました。そして心理療法家の仕事を本格的にスタートしました。

最初のうちは、自分の人生の未来をつくっていく目的でさまざまなクライエントにジャーナリングをしていただくセラピーをしていました。クライエントの中に存在する「もう一人の主人公」をつくり、その主人公が、今までどのような人生だったかを書いていただくのです。そして「何かがクリックする瞬間」を待ちながら、今後、主人公がどうなるかという成長と癒しの物語を創作していただきました。

するとあるとき、ジャーナリングを体験したクライエントの女性Ｂさんから１通のメールをいただきました。Ｂさんは数年前に私のセラピーを受けたときに「自分の人生がこうなったら良いな」といった内容を書いていました。Ｂさんのメールは、そのときに書いたジャーナリングの内容の通りの人生になった、という報告でした。

Ｂさんはジャーナリングで「日本を離れてハワイに癒しの拠点をつくる」と書いたのですが、実際にハワイに移住して癒しに関係する仕事を始めたとのことでした。ご自分でそのようなセンターをつくられたのです。

メールをいただいて、物語った未来が実現したことに私は感銘を受けました。未来を創作することによる癒しと現実化の可能性を感じて、これを深めていくことを決意しました。

また、Ｂさんから連絡をいただいた時期と前後して、「ナラティブセラピー」という新しい心理療法が日本で紹介されました。

ナラティブセラピーとは、オセアニア圏を中心に生まれたカウンセリング技法です。ナラティブセラピーでは、人は客観的な事実から選択的に出来事を記憶して、その記憶をもとにして主観的な物語をつくり出していると考えます。そしてその主観的な物語を客観的な事実と思い込んで生きているとしています。そこで生まれた「私の人生はこんなに辛かった」といった主観的な物語を「ドミナントストーリー」と呼んでいます。

ナラティブセラピーのイメージ

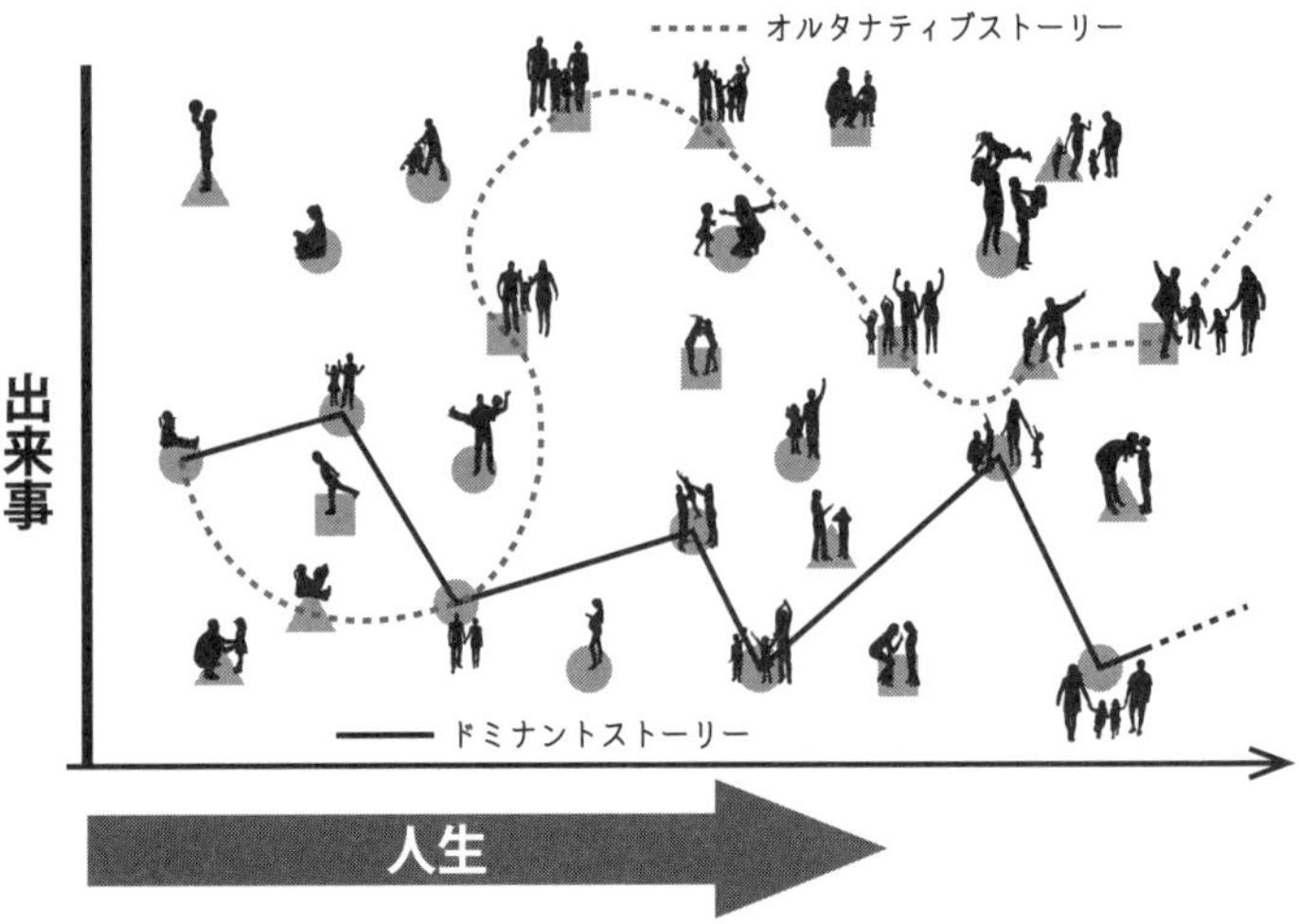

実線は、自分が認識している自分の主観による人生の物語（ドミナントストーリー）。破線は、実際には起きたのだが、自分が気がついていない例外的な出来事を結んだ物語（オルタナティブストーリー）。ナラティブセラピーでは、クライエントが気がついていない出来事を拾い、物語を紡いでいく。ドミナント・ナラティブともに実際にあった出来事がベースになっている。

しかし、セラピーでドミナントストーリーをセラピストと一緒に振り返っていくと、ドミナントストーリーに合致しない例外的な出来事が必ず出てきます。例えば「誰も私を愛してくれなかった」というドミナントストーリーであったとしても、よくよく人生を振り返っていくと、先生や近所の人が助けてくれた出来事などが見つかるのです。このような「例外的な出来事」を拾って、丁寧に物語を紡いでいくと、ドミナントストーリーとは違う、別の物語が出来上がっていきます。これを「オルタナティブストーリー」と呼びます。

当時、私の投影物語り法の原型は出来上がっていて、そんなときに私の手法と共通

投影物語り法のイメージ

投影物語り法では、現実とは異なる「物語」に焦点を当てることで、事実はもちろん、自分のキャラクター、場所、過去、未来などの制約がなくなる。これによりクライエントは自由に自分を投影した「反対の極の物語（肯定的な物語）」をつくることができ、自身のトラウマなどを癒やすことが可能になる。またセラピストもクライエントの乖離や拒絶などを避け、より安全に問題へアプローチすることができる。

点があるナラティブセラピーを知りました。ナラティブセラピーの存在により、私の方法は独りよがりでなく、心理セラピーとしてある程度の普遍性があると確信しました。

大まかに述べると、投影物語り法とナラティブセラピーの共通点は「物語を二つつくる」という点です。異なる点は、ナラティブストーリーは、その人自身に起こった出来事を普通に思い出していくことに対して、投影物語り法は、投影を積極的に使用して、実際にはまだ起こっていない物語を創作していく点です。

とくに私はオルタナティブストーリーづくりをさらに深めて、「反対の極の物語」をつくることを考えました。〝肯定的な物語〟をつくることによって、クライエントの視野が広がり、他者に対する信頼感や自分の人生の新しい可能性を見出す点は重要です。また、投影物語り法はトラウマとなるような出来事に焦点を合わせている点もナラティブセラピーと異なります。

物語をつくることで、強迫性障害やトラウマが癒される

当時私は、投影物語り法の前身となる「ナラティブジャーナリング」というメソッドとして、クライエントに物語をつくっていただくセラピーを行っていました。その中で強く印象に残ったのは、手を洗わないと気が済まない強迫性障害のクライエントCさんでした。

1回目のセラピーでは、「手を洗わずにいられない」ということをターゲットにして、Cさんに物語をつくっていただきました。2回目は、1回目をやり直して、途中からより肯定的な物語をつくるという試みをしてみました。

すると、物語の中で、想像もつかないことが展開し始めました。Cさんも私も驚いたのは、意識の上では気にとめていなかった、お兄さんとの兄弟間の争いがテーマとして浮かび上がってきたのです。そして3、4回ほど、この物語をつくっていくと、強迫性障害の症状はほとんどな

くなりました。Ｃさんは「もうこれで十分です」とおっしゃって、セラピーは終了しました。

またＣさんと同時期に、性被害に遭った女性のクライエントＤさんがセラピーを受けにいらっしゃいました。私はＤさんにも２回ほど物語をつくっていただきました。１回目はその出来事のありのままの物語、２回目は出来事の途中からストーリーを変更させて、「Ｄさんが何らかの行動をして性被害を免れた」という物語です。ただ怯えているのではなく、勇気を出して、逃げたり、はっきりと「ＮＯ」を言ったり、行動を起こして自分を守るといった物語が出来上がると、ご本人が癒され、自己肯定感が高まり、自分自身により自信を持てるようになりました。

核心に触れて乖離してしまうときに物語が役立つ

さて、物語をつくることはクライエントのどのような症状や状態に有効なのでしょうか。

私は臨床家として幅広くさまざまな心理療法を実践してきました。しかし中には、どんな手法を使っても、問題の取っかかりが見つからず、プロセスが進みにくいクライエントがいます。何らかの問題や生きづらさを感じてセラピーを受けにきたけれど、なかなか成育歴の核心に触れられないという方です。とくに強迫性障害の方たちは成育歴や発達の段階であったことを語るモデルや枠組みではうまくいきませんでした。セラピストとしての私の印象は、成育歴の何かをピシャリと締め出す感じで、「私の問題は成育歴とは関係ない」とさえ思っているクライエントもいらっしゃいました。後にポリヴェーガル理論（97頁参照）を学び、意識的に核心となる話を締め出しているわけではないと知りましたが、いずれにせよ、セラピーはそれ以上進まなくなります。

また、何となく思い当たる原因や出来事があるけれど、無意識のうちにその話題を避ける方もいます。そういった方はセラピストが核心に近づく話題に話を振ると、「とくに何もありません」と言ってその話を強制終了してしまいます。ある話題やあるテーマに関しては自分の中で受け止めきれず、シャットダウンしてしまうのです。これを私は軽い「乖離」であると捉えるようになりました。実際に、乖離したときの体感を「『はい、もうおしまい』ってシャッターが下りる」と表現したり、「雲の上に行く」とおっしゃったりするクライエントもいました。

乖離とは、脳を「マウス、キーボード、スピーカー、プリンターがつながったコンピューター」と例えたとき、それらの多様な機能の一部が働かなくなっている状態であると考えられます。正常な状態であれば、脳のさまざまな機能が連動して働く統合状態が保たれています。しかし、強いストレスを受けたり、器質的に脳の一部が損傷してしまったりすると、この乖離が起こることがあります。

上司からパワハラを長期間受けた男性を例にして、乖離の症状を説明したいと思います。その男性はパワハラを受けた後、上司に似た背格好の人を見ると手が震えて、頭が真っ白になってしまうという悩みを抱えていました。これは過剰なストレスによって大脳皮質の機能の一部が抑制される、つまり「機能の一部がオフになる」といったことが起きているとも考えられます。

このような乖離では、感情や痛みを感じない、生きている実感がわかないなどの現象が起こります。この機能のオン・オフの状態は0か100かの状態ではなく、スペクトラムであり、人によって症状の程度は異なります。

また、乖離は脳の機能が器質的に損傷しているケースと、機能が一時的に働かなくなっている場合があります。脳の機能が器質的に異常を来しているのであれば心理療法を行ってもそれを取り戻すことは難しいかもしれません。しかし、トラウマ由来による機能の一時的な低下であれば、乖離から回復することは可能です。

さて、話を振ると途端に乖離してしまう、成育歴を探索しても関連することが何も出てこないとなると、セラピーのしようがなくなります。ゲシュタルト療法であろうが、来談者中心療法であろうが同じです。認知行動療法でスキーマ（深いレベルの認知）を扱い、変化させようとしても、シャットダウンが起こることがあり、非常に硬直的で変化が起こりにくいのです。本当にお手上げ状態です。

そもそも一般的なカウンセリングであっても、クライエントの多くは核心を突くことを最初は話したがりません。それは私たち人間がもつ、本能的で健全な防衛機能です。通常は、クライエントが深い部分のことを話し始めるまでに何回もの面談を要します。ある女性クライエントも、母親との関係に問題があると理解していたにもかかわらず、「今日はお母さんとの関係性について取り組みましょうか」と提案すると、その瞬間に頭が真っ白になって、黙り込んでいました。これも意識が乖離している状態です。乖離の強いクライエントに大事なことを直接聞こうとすると、間違いなく「あっちの世界」に行ってしまいます。

そんなクライエントに対して無理やり何かを聞き出そうとしてもセラピーは進みません。安全かつクライエントの深い部分に入っていけるアプローチが必要です。物語をつくることは、トラウマをストレートに語るカウンセリングよりも、クライエントの内的世界へ安全に、自然に入っていくことができます。また不思議なもので、物語が出来上がると心理的な防衛が解除されるのか、クライエントは大事なことを自分から話し始めるようになりました。このクライエントも同様で、物語をつくった後、母親との関係性を話してくださいました。このような臨床体験も、私がセラピーに物語を使うことの後押しになりました。

こうした臨床を通して、物語をつくることで100%癒せるわけではないけれども、症状を軽減することも起こり得ることがわかりました。私は、2000年頃からナラティブジャーナリングを実践し、2010年代に「投影物語り法」を正式名称にしました。2020年からは講座として教えるようになり、今ではスクールカウンセラーやソーシャルワーカー、キャリアコンサルタント、セラピストなどを中心とした対人支援を行う方たちが「投影物語り法」を使ってくださっています。

物語は「情が強い日本人」に向く癒しの手法

本来、セラピストに力量があれば、どんなメソッドであっても癒しは起こります。

ただ日本人は、理性で悩みを解決しようとしたり、説き伏せようとしたりしても「それはただの理屈でしょう」と受け入れない傾向の人が多いのではないでしょうか。日本人にとっては「理屈はときにきれいごと」で、クライエントは「頭で理解しようとしても納得できないから困っているんだ」と私に悩みを打ち明けて来る人が多いのも事実です。

そんなとき、物語は私たちに優しく働きかけてくれます。人生は複雑です。その複雑なものから枝葉を整理して、重要な原因を一つ探し出して、癒していくこのセラピーは役に立ちます。また複数の要素をそのまま物語にまとめてくれるので、より深い部分での自己理解ができ、自分の人生の意味付けもしやすくなるようです。

物語は見えない世界の真実を伝えてくれる

本書では、心理療法として物語をつくることを提案しています。しかし、普段の暮らしの中でも多くの方に物語と親しんでいただき、より肯定的な人生の物語をつくっていただきたいとも思っています。なぜならば、人は物語とともに生きているからです。

「投影物語り法」の受講生Eさんは、以前、交流分析のセッションを受けたときに「幼い頃に好きだったり、影響を受けたりした物語は何でしたか?」と質問をされたそうです。そのときに瞬間的に浮かび上がってきたのは、『みにくいアヒルの子』と『マッチ売りの少女』でした。子ども時代のEさんは、『みにくいアヒルの子』のように、家族や周りから愛されて育っているという安心感はありませんでした。そんな幼いEさんは「アヒルの子のように実は私は美しく愛される存在で、今は苦しいけれど困難を越えて成長して、いつか自由にはばたける未来がくるんだ」と、生きるための支えにしていたそうです。

そして、『マッチ売りの少女』の物語を思い浮かべると、なぜか声に出すことが全くできなかったそうです。Ｅさんは、生きていることの辛さ、怖さを強く感じていて、人生を閉じたいという思いが幼いときから内面にあったと言います。でも自分では命を断てないので、この物語のように誰かが優しく迎えに来てくれて、幸せにこの人生を閉じたいとも願っていたそうです。ぬくもりや安心感を求める切なる希望も、人生を閉じたい希望も、それらを自覚しては生きていけないから『みにくいアヒルの子』の物語を上に重ねて隠していたと伝えてくれました。当時セッションで声に出せなかったのも当然だと私は思います。物語は見えない世界（心）に秘めている真実を伝えてくれるということがおわかりいただけるのではないでしょうか。

ナラティブセラピーでは、「物語は、自分や社会のさまざまな出来事を関連させて一つに統合し、心象風景を形づくるもの」というそうです。国境や民族を超えて、何かの目に見えない世界、人の心の大事なことを伝えようというときに、物語は力を持ちます。

例えばギリシャ神話であれば、とんでもない浮気者のゼウスが神として登場します。日本の神話であれば、神の中心的な存在であるにもかかわらず、天照大神が天の岩戸にひきこもります。ゼウスも天照大神も、他の神々も人間と同様に不完全です。しかし、それぞれの民族の中で神として扱われ、神話という物語として受け継がれています。このような物語が今でも人の心に響くのは、それがこの世の真実を表すリアリティを持っているからではないでしょうか。人は、昔から良いことも悪いことも物語にして、脈々と次の世代に伝えてきました。自然科学であれば、何かの事実・真実を伝えるときに数式や数値を伴った実験結果を使うでしょう。しかし、目に見えない世界のことを伝えていくには、「物語」こそがその「言葉」となるのです。

また、私たちはそれぞれ皆、自分の人生の物語を持っています。成功体験をたくさん持つ人もいれば、失敗体験をたくさん持つ人もいるでしょう。

しかし、どんな出来事があったとしても、物語はそれを一つにして、私たちに生きる意味を与えてくれます。そのときは嫌な出来事だと思っていたけれど、その後自分の人生を振り返ると、「あの出来事があって良かった」と思うようなことはあるのではないでしょうか。偶然ではなくて、必然の出来事であったと。

物語はいつでも私たちと共にあります。そして私は、その物語をネガティブではなく、よりポジティブで肯定的なものに変えていきたいと思っています。

第2章

投影物語り法で使う理論

心理療法としての投影物語り法の特徴

この章では、投影物語り法で使う理論について紹介していきます。

投影物語り法の手順は第４章で詳しく解説しますが、簡単に説明すると次のような構成になっています。

【投影物語り法の手順】

①セラピーで扱う「困りごと」を一つ決める
②その困りごとを持つにふさわしい主人公を設定（自分ではなく、他人）
③主人公が「困りごと」を持つに至った人生の物語をつくる
④③とは「反対の極」にある肯定的な物語をつくる
⑤④でつくった物語をからだで味わう

そして、この方法を分類していくと、次のような特徴があります。

①対話
②安心安全
③クリエイティビティとイマジネーション
④投影
⑤外在化
⑥明確なテーマ（困りごと・ターゲット）の設定
⑦過去ー現在ー未来までの時間軸を扱う
⑧肯定的な要素を取り入れる
⑨両極性（全体性、統合）

ではさっそくこれらについて説明していきます。

①対話 〜枠を超える・安心感〜

●双方向のプロセスと言葉で「自分の枠」を超える

物語づくりは「表現」を使ったセラピーに含まれるとも考えられます。

表現セラピーには、「描く（絵画療法）」「奏でる（音楽療法）」「踊る（ダンスセラピー）」、あるいは「心象風景をつくる（箱庭療法）」などさまざまな方法があります。

その中でも投影物語り法は、物語を「語る、語り合う」という方法を採用しています。物語をつくるとしても、小説を執筆する、動画（映画）にするやり方もありますが、「語り、語り合う」ことはこれらとは明確に違う点があります。

それは表現が（主に）一方向か、双方向であるかという点です。自分が抱えていた苦しい気持ちやモヤモヤを一方的に表現して葛藤を解消するのは、心理療法のスタンダードなスタイルの一つです。もちろん「表現する」だけでも深い癒しを得ることはできます。他の表現セラピーでも作品を創作した後に対話の時間が設けられていたりもします。ただし、投影物語り法はセッション中も対話をするので、絵画やダンス、箱庭を使ったセラピーとは少し形式が異なると考えています。

また、表現手法として「言葉」を使うことにはメリットがあります。精神科医のジークムント・フロイトのクライエントの一人は、自分の思いを言葉にして誰かに聞いてもらうことは、「煙突掃除のようなものだ」と表現していたそうです。人間にとって、モヤモヤして、言葉にできないものがあるのはストレスです。自分が感じていることを言葉にできると、無意識下にあったものが意識に上がってきます。「自分はこう思っていたんだ」ということを言葉にできるとスッキリします。

クライエントによっては、何かを表現できたとしてもそこから気づきをうまく拾えないために、プロセスが進みにくい方もいます。感情や感覚や思考はそれぞれ偏りや癖があるからです。そんなときにセラピストが相手になって対話をしていくと、クライエントのモヤモヤが整理されていきます。

セラピーの場で語るクライエントの言葉には内面を表すヒントがちりばめられています。セラピストはクライエントの言葉を敏感に感じ取るように心がけること。例えば、「腹が立つ」という表現と、「頭にくる」という表現は、同じ怒りの表れです。しかし実際にクライエントの中で起こっている現象は違ってきます。言葉に対して最も感性が鋭いのは詩人でしょうが、セラピストにも必要な素質です。クライエントの中には語彙が豊富ではない方もいて、「やばい」「むかつく」としか表現できない方もいます。

ですので、最初はただ「むかつく」としか言えないクライエントがいたら、「『むかつく』を具体的な言葉にするとどんな感じですか？」と返してみましょう。すると、「うーん、腹が立つかな？」と答えてくれるかもしれません。「腹が立つんですね」とセラピストがまた返すと、「腹が立つっていうよりは、はらわたが煮えくりかえる感じ」と言葉にすることができると、クライエントが前よりも自分の深い気持ちに気づけます。それを繰り返していき、クライエントが自分のモヤモヤを丸ごと言葉にできたら、ネガティブな感情を抱いていた理由が腑に落ちるでしょう。

クライエントが表現する言葉のわずかな違いに敏感になり、セラピストがそれをフィードバックすると気づきにつながりやすくなります。とくに子どもを相手にするときには必要な技術です。子どもは脳が成長途中なので、自分の感情を適切に表現する手段をまだ獲得していないからです。子どもに対しては、複雑な日本語表現を使う必要はありませんが、クライエントの状況と照らし合わせながら文脈を広げていくことで癒しが進みやすくなります。「辛かったね」「それは自然なことだよ」とねぎらい、受容する。子どもは自分の心を言葉にすることで、自分の心の動き方を知っていきます。適切な言葉を獲得していくプロセスは、子どもが成長するためにも必要な体験です。投影物語り法に限らず、カウンセリング、セラピー全般に使えるスキルです。

そして、もし自分がクライエントとしてセラピーを受けに行くのであれば、少しで良いので勇気を出して、心から感じた素直な言葉をセラピストに伝えてみてください。人と人が触れ合って、心と心が自然に交流していれば、私たちは健やかでいられます。しかし、長い間心の交流が行われないと、次第に心は変調を来します。カウンセリングは、心の変調を来した人が自分の心をそのまま言葉にしてそれを相手に伝えて受け取ってもらうという健康のサイクルに戻るための作業です。心理療法には多様な技法がありますが、「他者との関わりを取り戻す」というゴールは同じです。カウンセリングは、空気を自然に吸って吐けるのと同じように、人と人とが素直にやりとりできる状態に戻していくトレーニングです。人間は、本来そうして健康を保つようにできています。

現代社会では、仕事に関する事務的なやりとりしか言葉にしないことも少なくないかもしれません。しかしそれは本質的なコミュニケーションではありません。仮面（ペルソナ）を外した自然な心の交流が人間には必要で、それが行われると精神的なストレスは和らいでいきます。

誰かに悩みを打ち明けることは、自分の心の掃除になり、また癒しは一人ではなく、二人で行うからこそ、実りあるものにできます。違う感情、感覚、思考をもった他者と触れ合うことで、人は自分の限られた世界の枠を超えて、新しい可能性を見つけられるのです。

さらに補足をすると、非言語で起こる癒しもあります。必要なセラピーはその時々、クライエントによって異なります。大事なのはクライエントに合わせて必要な技術をセラピストが提供することです。私の場合は、対話を使った物語づくりを採用しています。

●誰かがそばに居ることがリソースになる

また、セラピスト（聞き手）という受容的な存在が居ることそのものが、セラピーのサポートになります。

人間は「人の間」と書くように、他者を必要とする存在です。私たち日本人は他人に迷惑をかけるのを申し訳なく思う文化があり、困ったことが起きても、自分だけで何とかしようとしがちかもしれません。それはそれで成長にもなり、貴重な体験にもなりますが、一人で頑張るのをやめてもいいときもあります。信頼できる人に悩みごとを打ち明けてみて、相手から「わかるよ」「本当にそうだよね」などと受容してもらえると、気持ちがとても楽になり、思わぬ突破口が見つかることがあります。セラピーの場では見守ってくれるセラピストがいるからこそ、クライエントは自分自身の深い部分に入っていくことができます。

一方、モノローグ（独白）で自分の気持ちを表現すると、辛さ苦しさだけにフォーカスする傾向があります。しかし、投影物語り法で「昔は辛い経験をして孤立していたけれども今度は誰かに話せて理解してもらった」という体験ができると、人に話をして自分の気持ちを理解してもらえる価値により深く気づけるようになります。

②物語は安全に真実を語れる

投影物語り法では、その名の通り「物語」を語ります。物語とは、フィクションであり、事実ではないものです。物語によって語られることは、架空の人物、架空の世界です。内容にもよりますが、フィクションというのは安全で、自分も他人も傷つく必要のない場所です。そして、投影物語り法では、その人の事実に限りなく近いフィクションが安全に創作されます。

一般的なカウンセリングは、現在困っていることやその原因となった過去の体験、自分の気持ちなどについてクライエントに話していただきます。誰にも言えない悩みを話せると、気持ちが解放されて癒される効果があります。言語化することで考えが整理され、問題解決の糸口が見えたりもします。

しかし、悩みごとを抱えている人の中には一定数「悩みを話したくない」「過去の出来事を話したくない」という方がいます。セラピストとの信頼関係ができていないので話したくないこともあります。その出来事を思い出すこと自体が辛いので話せないこともあります。

また、小さな子どもは自分の気持ちを上手に話せません。親に虐待されているとしても、子どもの多くは親を必要とします。そして子どもはそんな親だったとしても親が好きな場合も多いです。虐待などの出来事を話すことで親から引き離されてしまうと感じると、その事実について固く口をつぐみます。

こうしたときに自分に起こったことを話したくない人でも、「物語」であれば話すことができます。架空の世界をイメージすることは多くの人にとって楽しいものです。自分が排除してきた「見たくない自分」に苦しみながら直面化するよりも、遊びの要素が強い物語づくりのほうが楽に行うことができます。

③クリエイティビティとイマジネーション

●物語は辛い状況を生き抜く支えになる

投影物語り法の大きな特徴には、クライエントの持つクリエイティビティとイマジネーション（想像すること）を活用して、生きる力につなげている点もあります。これは前半の物語（困りごとを抱えるに至った物語）もそうですし、後半の「反対の極の物語」ではとくに重要です。そもそもこの二つは生きる力とも言えます。

クリエイティビティとイマジネーションが生きる力になった一つのケースとして、投影物語り法の受講生Fさんの出来事を紹介します。Fさんは、物語を創造することによって目の前の現実から自分の身を守っていた時代があったそうです。

Fさんは中学校の2年生のとき、お寺の住職を務めるお父さんが病気で倒れ、その代役として檀家まわりの寺役（寺の仕事）を親から強要されたそうです。Fさんにはお兄さんがいましたが、お兄さんは遠くの高校に通っていたためにその役回りは免除されました。結果、寺役は、家の近くの中学校に通っていたFさんが一人で担うことになったのです。寺役の予定はほぼあらかじめ決まっているにもかかわらず、Fさんは何も知らされずに朝はいつも通り学校に行っていました。しかし、お昼前になると、Fさんのお母さんから「寺の仕事ができたのでFを早退させてください」と学校に電話が入りました。そんな日はFさんは仕方なく午後の授業を諦めて下校し、寺役に出たそうです。寺役を終えて帰宅すると、時計はだいたい午後8時を指していました。部活を終えて帰宅したお兄さんが、お母さんと楽しそうに会話をしているのを見ると、羨ましくてしょうがない気持ちになったそうです。

Fさんは寺役に行くのは嫌だと親に懇願しましたが、「お前は近くの橋の下で捨てられていて、泣いているのを拾って育ててやったんだ」と言われ、拒否することができませんでした。自分の時間を犠牲にしているのに、そのような扱いを受けてFさんの心は深く傷つきました。

自分だけが寺役を押し付けられた苦しさやくやしさを乗り超えるために、Fさんは「いつか本当のお父さんとお母さんが迎えに来てくれる」という物語を心の中でつくりました。そのストーリーがあったからこそ、当時を生き抜いたとFさんはおっしゃっていました。

同じように、学校に馴染めない、会社の仕事が辛いといった苦しい状況にあるときに、小説や映画、マンガなどフィクションの世界に入って自分を癒やす人は多いのではないでしょうか。

物語は、自分や現実から距離をとり、心を癒やす働きがあります。

●イマジネーションを建設的に使う

イマジネーションは人間の脳が持つ素晴らしい能力です。ただし、意識せずにいると、イマジネーションを否定的に使ってしまうときもあるでしょう。うつ病はイマジネーションが暴走してしまう代表例です。悪い方向にイマジネーションが暴走していくと、心身にダメージを与えます。

イマジネーションはきちんとコントロールして、建設的に使うものだということを体得できると良いでしょう。心理療法や自己啓発には肯定的にイマジネーションを使うさまざまな手法があります。「目を閉じて、光の川を想像して、その中で自分が満たされて、自分の汚れが全部洗い流されるのを想像してみましょう」といった簡単なワークもあります。投影物語り法で、今まで体験してこなかった肯定的な出来事や感覚を、ストーリーをつくって体験するのもその一つです。例えば、現在は自分が望む仕事ができていないけれど、最終的には好きな仕事で生きていると肯定的な未来をイメージしてみる。イメージングによって即座に人生が好転するわけではありませんが、イマジネーションによる肯定的なエネルギーは、漢方薬のようにじわじわと心に染み込みます。

「夢」や「遊び」もイマジネーションの一つです。夢は無意識からくるイマジネーションを伴ったメッセージであり、私は夢を記録したり、夢に問題解決を求めて自分自身に質問したりすることも推奨しています。

また、幼い子どもが人形を使ってごっこ遊びをするのはイマジネーションをクリエイティビティや自由さにつなげていく行為です。大人になるとロジック偏向になってイマジネーションは失われてきやすいので、意識して遊ぶ、イメージすることを行ってみてください。音楽を聴いて澄みきった空を想像したり、アートに親しんだりするのも良いでしょう。イマジネーションによって自分でも気づかない領域まで癒されて、予想外の気づきが生まれる可能性があります。

④ 投影で「他者に映した自分」を語る

先ほど、「物語であれば自分のことを話さずに済む」と述べましたが、一方で、物語には如実に自分のことが表れるというのも事実です。人は、自分のフィルターを通してしか物事を知ることができません。一つの出来事があっても、100人いればその出来事の解釈は100通りあり、絶対的な真実はありません。物事の解釈には、必ず「投影」が働いています。

●投影とは何か？

心理の世界には、「人間は、自分の内側にあるものを外側に『投影』している」という考え方があります。

投影というよりは「意味付け」と考えると、投影のある部分が理解しやすいかもしれません。例えば人が花を見るとき、それぞれの心の中で何らかの反応が起きます。そして、その自分の中の反応の感覚と同じような過去に経験した反応と感覚を探します。例えば、「美しいもの」を見たときと同じような反応だと感じると、今見ているその花を「美しい」と判断し、意味付けをします。ですから「投影」とは、外からの刺激に対して、自分の中に起こった事柄を、その刺激を発しているものに被せていることです。そのほとんどの場合は、判断・意味付けを被せているのです。「私は今、いろんなものを見てきたときと同じ喜びに心があふれています」といった面倒なことをいちいち言ったりはしませんが、私たちは自分の中に起こっていることを外に投影して、何かを思ったり語ったりしています。これが投影の基本です。

この投影を深く扱っていくと、さまざまなものが見えてきます。

例えば、クライエントGさんが「ぬいぐるみ」が好きだとしましょう。Gさんの「どんな部分」がぬいぐるみに投影されているかを知る一つの方法として、ここではゲシュタルト療法を使ってみます。私はこの技法を長年使っています。

手順①　まず、そのぬいぐるみがどんなぬいぐるみかを言葉で説明してもらいます。

Gさん「ぬいぐるみはふわふわしていて可愛いです」

解説　Gさんは、ぬいぐるみのふわふわしているところが好きなようです。この言葉は、そのぬいぐるみについて説明したものです。

手順②　次にGさんに「ぬいぐるみ自身」になってもらいます。ぬいぐるみになりきって、「私はこのぬいぐるみです」と言ってもらいます。さて、心に浮かぶ言葉をそこから紡いでもらうとどうなるでしょうか。

Gさん「私はこのぬいぐるみです。私の家に来られてうれしい（とぬいぐるみが言っている）」

手順③　そのぬいぐるみに「私はこんな性格です」と説明してもらうとどうなるでしょうか。

Gさん「私（ぬいぐるみ）は、私（Gさん）を慰めにきた。このお家を癒やすためにやってきた。このぬいぐるみは、奉仕の精神を持ったとても優しい子です」

ぬいぐるみに意識を投影してもらうことで、クライエントの無意識にある気持ちが表れる。

この場合は、ぬいぐるみになって語られたことにGさんの無意識が投影されていると考えます。自分の中にある「家庭を癒したい気持ち」や「自分自身を癒そうとする力」がそのぬいぐるみに知らず知らずのうちに投影されていると解釈します。自分の内側にあるものが外に表れることはあらゆる場面で起こっています。人が紡ぎ出す物語も同様で、ヒーローものの物語が好きだったとしたら、自分の内側にあるヒーロー性を表していることになります。

このように、「投影」は私たち人間が持つ自然な心の働きなのですが、セラピーの場面ではあまり良い印象を持たれていません。なぜならば、対人関係での気持ちの行き違い、トラブルの多くは、歪んだ投影によって起こるからです。そのため、瞑想の技法ではからだの感覚のみに意識を向けたりしますが、これは投影を自覚し、減らしていく効果があるかもしれません。

ゲシュタルト療法では投影を排除するのではなく、それを自分の一部分として受け入れ、統合するサポートを行います。投影しているものが自分のものと「なる」ようにプロセスを進めていきます。例えば自分の怒りを他人のBさんに投影して、「私は怒っていないけど〝あの人〟が怒っている」と投影を起こしているクライエントAさんがいた場合、その人に「なりきって」もらうワークをクライエントにしていただきます。すると、クライエントは相手になりきることで自分の怒りを自覚でき、意識から排除していた自分の怒りを「自分のもの」として認識できます。そうして、投影（このケースでは怒り）を自分の中に統合できるのですが、そこには暗黙に「投影は良くないもの」という価値観があります。

実際、セラピーで扱われる投影は、「自分の中のある部分」を排除する手段として使われることが多いです。例えば、Aさんが怒っていて、そのために他人とのコミュニケーションがおかしくなり、関係性がぐちゃぐちゃになっているとします。しかし、AさんはそれをBさんの怒りのせいにして、一方、Bさんは怒っておらず、Aさんに困惑しているとしたらどうでしょう。BさんはAさんには困りますが、他の人とはうまく関係が持てます。しかし、Aさんは、このような投影を知らずにいたら、人間関係がいつもうまくいかずにストレスを溜めて、辛くなるでしょう。

このような場合、ゲシュタルト療法は「なる」技法で、Aさんが自分の投影している怒りを統合する援助を行います。投影していたものは自分のものであると認識できると、Aさんは自分の怒りを上手にコントロールできるようになります。それに応じて人間関係も良くなっていくでしょう。

ゲシュタルト療法のワークは、心の統合をはたしていく上で非常に有効な方法ですが、扱うテーマがクライエントにとって重すぎる場合、自動的に解離・凍り付きが起こることがあります。ゲシュタルト療法ではこれを「行き詰まり」として扱いますが、「行き詰まり」の対処法は理論の中には示されず、それぞれのセラピストの個人的な努力に委ねられています。乖離・凍り付きが起こったときに何をすればいいのかという理論は、この療法では示されていません。

しかし、投影物語り法の場合は、投影を「悪いもの」と捉えません。投影は肯定的に使えば、自己理解を深められます。自分の心の傷と向き合うことはどんな人にとっても辛く苦しいものです。また、人は、自分自身について気づくのは難しい。しかし、他人のことについては文字通り客観的に判断できたり、どうすべきかという正解を見つけられたりします。

精神世界では「あなたはこうであると相手を指さしていることは、実は自分自身のことである」という言い方をすることがあります。本当にその通りです。従来のカウンセリングでは、「他人に投影している認識や気持ちは、あなた自身のことです」と一生懸命気づかせるわけですが、そうするとクライエントから強い拒絶や抵抗を受けます。

そこで「投影物語り法」では、セラピストは最初から登場人物にクライエント自身が投影されていることを前提に物語を創作していきます。クライエントに思う存分投影してもらって、自分自身や問題を「別のもの」とすれば、直面化したときよりも比較的楽に問題を扱えるようになります。

出来上がった物語によって、ご本人も気づいていなかった自分自身の気持ちや傷つきが自然と出てきて、かなり正確な因果関係もわかってきます。さらに、それに対してどういう風な手当をすると回復するかといった内容も物語に出てきます。他人事で語ると、逆にその人が直面できない事柄が自然と出てくるので、投影を「悪いもの」と捉えるのではなく、投影を「情報を得る」という手段、味方にするのです。投影を上手に使えば、安全かつ心の深層まで潜ることができるのです。

●多かれ少なかれ、投影はしてしまうもの

気をつけておきたいのは、実際は他人や出来事に対して自分の中の要素を投影しているにもかかわらず、「自分にはそんなところは全くない」と投影を否定してしまうことです。

先ほどの例では、「自分や自分の家庭を癒したい」とGさんが思う気持ちがぬいぐるみに投影されていました。しかし、Gさんが「私は全く自分の家を癒したいなんて思っていない。家族が嫌いだ」と否定してしまっていたらどうでしょうか。

「投影したものが自分の中に全くない」という場合は、精神分析でいう「自分を防衛するメカニズム」が働いていると考えられます。どんな意味付けも本来は自分の中にあるものなのだけ

れど、それをどの程度、クライエントが自覚しているかが大切です。

うすうす自覚しているのであれば標準的な投影です。しかし、自分の中の投影を全く自覚できていなかったり抑圧したりしていると、自分の心にとって強いストレスになります。「こんな私はダメだ」「あんな人はダメだ」という人は、同じ投影のパターンのままでグルグルしていて、流れが止まっています。

投影は私たちが持つ自然な心のメカニズムで、生きている限り完全になくすことはできません。大なり小なり、私たちは「投影」をして生きています。であるならば、それをしっかりと認識して、肯定的に使っていくほうが健康的ではないでしょうか。

⑤外在化で問題を「他人事」にする

物語には、自分自身や物事を切り離して、他のものとして扱う「外在化」という働きもあります。自分とは違う主人公やキャラクターを設定すると、自分自身や出来事を「自分以外のもの」として扱うことができます。

外在化の例として、ナラティブセラピーの「虫の喩《たと》え」という有名なストーリーがあります。

「虫の喩え」の物語

あるところに盗癖を持つ小学生がいました。子どもが盗みをしたら、「お前はなんて悪い子だ」といって叱るのが普通です。しかし、そうして子どもを責めると、盗んだという罪悪感から子どもはますますその事実に目を背けて、盗んだ原因に向き合えなくなる場合があります。

その場合、ナラティブセラピーではどうするかというと、「もともとの君は、盗癖なんかなかった」という設定をつくるのです。そして、「君が盗みをしてしまったのは、『盗む癖』を持つ虫がいて、その虫がブーンと飛んできて、君を刺したからだ。その虫に人間がチクリと刺されると、その刺された影響でその人はものを盗んでしまうんだ」と、「虫のせい」にしてしまいます。問題を解決するときに、本人のせいではなく、「別のもののせい」にすることで、心の癖や問題を解消するのが、外在化のアプローチです。実際に問題を起こす人がいたとしても、問題の背景にはさまざまな事情や環境の影響があり、すべてが本人のせいではないこともあります。

外在化のアプローチでは、問題の原因を、自分ではなく他者（この喩えでは虫）にすることで、問題解消の糸口にする。

投影物語り法では、この外在化を活用して、物語の主人公を「他人」に設定します。ナラティブセラピーでは主人公は「自分」ですが、投影物語り法は「他人」です。違う人物の人生を語ることで、自分自身と距離をとれます。今起こっている問題を、自分ではなく、他人のものとして見ることができると、その距離感のおかげで心理的な辛さは軽減されます。

また、外在化のユニークなところは、心理的負担の軽減だけではありません。「盗癖の虫に刺されると君は盗みを働いてしまうけれど、虫に刺されなければ君は盗まない」と違う可能性も発見できる可能性があるところです。外在化によって問題を客観的に見られるので、「虫が飛んできて危ないと思ったら、追い払うことだってできる」と解決の糸口を見出すこともできるのです。

投影物語り法研究会の受講生のHさんからは次の感想をいただきました。「外在化して物語をつくることで、『決まりきった投影のパターンしかない』というところから自由が得られて、不思議なほど違う意味付けがスルスルと出てきました。そして自分の人生に今までと違う意味付けがされました」。

人は問題を抱えると、悩みのるつぼに深く入ってしまい視野が狭くなりがちです。問題を外在化することは、心をラクにして、視野を広げる良い方法であると私は考えています。

●直面化が必要なときもあるが……

問題と正面から向き合うことを「直面化」と言います。直面化はセラピーのプロセスで必要な要素の一つです。セラピーで癒しが進んでいき、問題を見てみないふりをしていたことがプロセスの妨げになっているときに、直面化が必要になることもあります。

しかし、無理やり直面化をさせようとすると、本人の意思とは関係なく、自律神経系が働いて無意識に意識が乖離してしまう場合があります。問題に触れると自分の心が壊れてしまうので、そうならないように心身の防衛機構が働くのです。セラピストが頑張ってクライエントを直面化させようとすればするほど、シャットダウンは強くなります。ですから、クライエントが乖離してしまうときには、それ以上は直面化はしないほうが安全です。

私自身が行った昔のセラピーを思い返してみると、直面化が早すぎるとクライエントはたいてい黙り込んでしまいました。こちらが良かれと思って、何かを言うほど黙り込むのです。するとますますクライエントが心が閉じていく方向になってしまいます。セラピストはクライエントに意識のシャットダウンが起こり、乖離する危険性には注意を払ったほうがいいでしょう。

直面化の危険性は、セラピーの場に限りません。社会生活の中での直面化とセラピーの直面化は少し違いますが、相手を追い詰めて無理やり問題と向き合わせようとすることはしばしば見られます。相手を追い込んで問題に立ち向かわせようとする姿勢は、勇ましく、美しく見えたりもします。しかし、その背景をよく見ると、追い立てる側に過剰な焦りのようなものがある場合もあります。白黒はっきりと問題について話そうとすることは、野球で例えるなら、剛速球のストレートを投げるようなものです。そうすると、投げかけられた相手(クライエント)は球が速すぎてキャッチできないときがあります。準備ができておらず、心の防衛が働き、かえって問題をこじらせてしまうこともあるでしょう。

逆に、物語を二人で語り合うことは、球をふんわり投げて楽しくキャッチボールをするようなものです。ストーリーを通しての対話は遊び心があって優しく、ボールのやりとりもしやすいです。たわいもない会話が人間関係の潤滑油になります。正論を投げかけられるよりも、喩え話のほうが心に響いたりもします。

⑥明確なテーマ(困りごと・ターゲット)設定

物語というのは言語を使いますが、その中には非言語の要素もあり、無意識に触れていきます。そのような意味で、投影物語り法はアートセラピーにも通じるものだと考えています。しかし、投影物語り法は「テーマを設定する」という意味で、他のアートセラピーとは明確な違いがあります。

私は過去に絵画療法のトレーニングを受けたことがあります。そのトレーニングでは、利き手ではない左手でクレヨンの色を自由に選び、手の動きに任せるがままにバーッと絵をそのまま描いていくことを行いました。だんだん何かが形を現してきたら、今度は右手で色と形をつけていく。そして出来上がったものに対して、自分がどんなことを感じるか、自分の何が投影されているかを見ていくものでした。これは「自然と表現されたものに対して気づきを得ていく手法」です。

とにかくワークをしてみて「浮かび上がってきたものを扱う」というのは、例外もありますが、アートセラピーに多いスタイルです。手法としてはとても自然で安全ではあるけれども、「問題を抱えていて、今、それを何とかしたい」という人には、まどろっこしいときがあります。例えば、火事が起こっていてすぐ消火をしなければならないときに、遠くから放水して、水の大部分が炎に当たるかどうかわからない、という状況はどうでしょう。すでに火がぼうぼうと燃えているのであれば、できるだけ近づいて放水することが必要です。

投影物語り法はできるだけ問題（火事の炎に相当）に近づいて、放水していくアプローチです。つまり投影物語り法では、最初から扱う問題を設定してそれに対して物語を紡いでいくのです。なぜクライエントに特定の問題を設定するかというと、「その問題を何とかしたい」というクライエントの動機がそれだけ強いからです。これはクライエントの意志の尊重でもあります。

もう一つ喩え話をするならば、投影物語り法では、クライエントとともに無意識の海の中に没入して、「これはあくまで物語である」という安全を確保しながらも、核心の場所、宝物に触れていきます。恐怖や乖離が起こらないように、適切な距離をとりながらも触れるべきテーマを扱うのです。そうすることで、時間をかけずに（といってもある程度の回数や時間はかかりますが）問題を解決していくサポートを行います。

「絵や箱庭をつくってそこに意識を投影する」という手法はずっと存在してきましたが、特定の問題を設定してそれに対して投影を使っていくという手法は、調べたところ投影物語り法以外ありませんでした。明確なテーマ（投影物語り法では「ターゲット」と呼ぶ）の設定は、クライエント―セラピスト関係を強固にするほか、癒しのプロセスの中で、ただでさえ辛い状況を乗り切る推進力になります。

⑦過去—現在—未来の長い時間軸を扱う

セラピーにおいて実は大事であるのが、「扱う時間」という側面です。セラピーのとき、いったい自分はどの時間をフォーカスして扱っているのか。クライエントもセラピストもこれを自覚することが大切です。

一般的なカウンセリングでは「過去」を扱います。過去に起こった出来事を振り返り、そのときの感情や認知の歪みなどに気づける恩恵ははかりしれません。

また、ゲシュタルト療法のように「今ここ」の感覚、自分にフォーカスを当てる場合もあります。現代に生きる私たちは日々のタスクに追われたり、将来に不安を抱いたりして、「今」に居ないことがよくあります。「今、ここ」の自分の気持ちをまったく無視すると人生が味気なくなります。一度呼吸を整えて、自分の心とからだを感じる時間を持つというのは、セラピーの場でも重要視されます。

さらに未来にフォーカスすることも重要です。カウンセリングで過去に向き合うと同時に、未来に取り組みたいこと、叶えたいことにも焦点を当てると生きる力がわいてきます。

セラピーで扱う時間軸について、ナラティブセラピーおよびゲシュタルト療法と比較してみたいと思います。

まず、「物語を紡ぐ」という意味では、ナラティブセラピーも投影物語り法も同じ種類の技法なのですが、前者は「過去」、後者である投影物語り法は、「過去を含む現在」と「未来」を扱うという違いがあります。

ナラティブセラピーは、クライエントの過去からオルナタティブストーリー（代替の物語）の題材を見つけます。一方、投影物語り法は「反対の極」という概念で、過去に起こらなかった未来の出来事をつくります。これは大きな違いです。端的に言うと、ナラティブセラピーは過去を書き換えるもので、投影物語り法では未来をつくる要素もあります。

傷ついた過去を持つ人は「この先もまた傷つく出来事が起こる」「未来にも良い出来事はない」と潜在的に感じ、未来に希望を持ちづらいことがあります。そんなとき、投影物語り法では、辛い出来事ばかりを経験してきたクライエントに肯定的な世界を疑似体験していただき、今後の人生の選択肢を広げていきます。また、想像上のフィクションの物語であっても、否定的な過去とは反対の極を体験・体感すると、ナラティブセラピーと同様に、過去の肯定的な要素の価値に気づけることもあります。

3つのセラピーの時間軸の比較

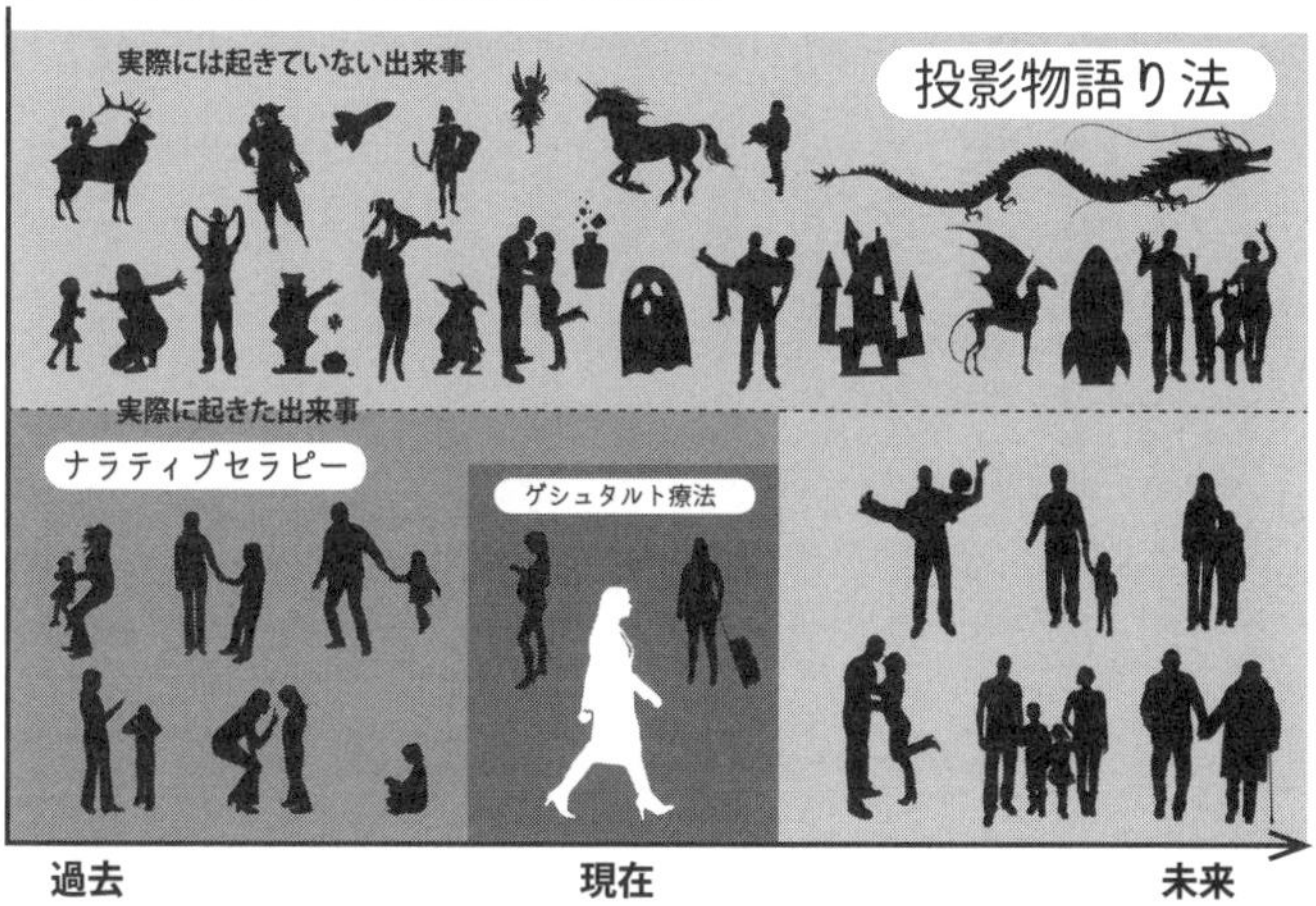

過去と現在を扱うナラティブセラピー、「今、ここの状態」を扱うゲシュタルト療法の二つに比べて、投影物語り法は最初から「今、ここを生む当然の過去」から反対の極である未来までをすべて扱うことができる。

次に、ゲシュタルト療法と投影物語り法を比較してみます。ゲシュタルト療法はあくまでも「今、この自分」が中心です。今この瞬間の自分の感情や考え、感覚をワークによって明らかにしていきます。クライエントが「今、ここの状態」になると過去の未完了の事柄が出てくる場合もありますが、ゲシュタルトで「今、ここ」と「過去」を結びつける考えとしては、「それが未完了で今浮かび上がってきたから扱う」というだけで、「どのような歴史で今そうなったのか」という視点や問題意識が弱いと私は感じます。

浮かび上がってきたことをワークでただ扱って解消すれば良いというわけではなく、その歴史を理解することも必要ではないでしょうか。ゲシュタルト療法には、「過去の後悔と未来の心配によって人は心が乱れるのだから、それを止めて、今、ここを生きるのだ」という考えのもとにワークを行っていくので当然の帰結ではあります。

一方、投影物語り法では、最初から「〝今、ここ〟を生む当然の過去」があると考えています。時間軸に関して、最初から過去の過程を視野に入れているという点が利点です。

セラピーで過去にずっとフォーカスし続けると、いつまで経っても傷を掘り返して癒しの作業を繰り返すばかりで未来に進まないときがあります。「今ここだけ」を見るのも、人によっては「今さえ良ければいい」「今が楽しければいい」と刹那的、短絡的になる危うさを感じるときがあります。それに加えて、感情というのは気まぐれで不安定な側面があります。今の気分だけに忠実でいると、本人も周りも振り回され、人生においてうまくいかない場面が出てきます。

「過去」も「今ここの現在」も「未来」もすべて等しく大切で、セラピーに限らず、どの時間を大切にするかというのはなく、バランス良く自由に行き来することが必要なのです。

投影物語り法では、「全体」を大切にします。全体とは、過去も現在も未来も含むものです。部分をいくら詳細に深堀りしていっても、全体を把握することはできません。セラピーのときには長い時間軸でクライエントを見る必要があります。具体的には、「何も知らない無垢な赤ちゃんが、どんな出来事に遭遇したらこのような困りごとを抱えるに至ってしまうのだろう?」

という視点でストーリーを創作していきます。「幼い頃にそんな出来事があったら、こんな風に今も苦しんでしまうのは当然だよね」という視点を持つだけで、セラピストはクライエントを受容できるようになります。

これは教育現場などにも使える考えです。学校で問題を起こす生徒に対して、「この子は問題児」というレッテルを貼ると、その方向にしか生徒は変わっていきません。「こんな背景があるからそうなっても当然だ。だけどこの子には可能性がある」という視点を教師が持って理解しようとすれば、子どもはその受容的な雰囲気を察知して肯定的なほうに変化していきます。「問題児」という表現は学校の立場からの表現であり、その子どものニーズには寄り添っていません。その子の心を育むには、俯瞰と、その子のニーズを満たしていくことも必要です。何か悩みごとを抱えた子どもやクライエントを、長い時間軸で見ていくことをおすすめします。

⑧ 肯定的な要素を取り入れる 〜無条件の愛〜

投影物語り法には、「クライエントの肯定的な部分を育む」という視点を入れています。これは「反対の極の物語をつくる」というプロセスに明示的に反映しています。手前味噌ではありますが、「肯定的な部分を育む」という視点を理論的な枠組みの中にこれほど入れているセラピーは少ない印象があります。

私たちの脳はネガティブな出来事が記憶に残りやすいようにできていて、肯定的な出来事はそれほど意識しません。宝くじが当たったなど特別な出来事であれば、ポジティブなことも覚えているでしょうが、日常的に感じる幸せは当たり前のもので、意識がそれほど向きません。しかし、肯定的なもの、ポジティブなものは、ネガティブなものと向き合うときの最大のリソースです。サイコシンセシスによる心の原理の一つに、「注意を向ければその部分が大きくなる」というものがあります。これはトランスパーソナル心理学でも提唱されています。ですので、自分の肯定的な部分を育みたいと思えばその部分に注意を向ければいいのです。

肯定的なリソースを育むには、投影物語り法のほか、アファメーション※などの技法を使うこともできます。そうしたリソースの中で私が一番重要だと考えているのが、「無条件の愛」です。

無条件の愛は、心理業界でも自己啓発やスピリチュアルな世界でもよく聞かれる言葉です。高すぎる理想と感じたり偽善的に感じたりする人もいるでしょう。しかし私は「無条件の愛」こそが、一個人の人間としても、セラピストとしても大事な状態であると考えています。

無条件の愛は、抽象的な概念ではなく実践です。定義を考えるよりも日常生活の中で少しず

※affirmation　肯定的な言葉で、自分の理想や目標を繰り返し唱えることで潜在意識に働きかけ、目標達成を促す心理テクニックのひとつ。

つでいいので行動に移しましょう。まずは自分に対して無条件の愛を送ることから始めてみてください。自分自身に無条件の愛を送るとき、一つには自分が嫌いな自分の部分に対して居場所を与える言葉をかける方法があります。「至らない私も居ていい」「怒りっぽい自分も自分の一つ」「嫌いな自分も大事にされて生きていていい」と自分自身を受容すると心とからだがゆるんでいきます。

とはいっても、私たちは未熟な人間です。嫌いな自分に対して即座に無条件の愛を与えられないこともあるでしょう。「私はダメな人間だ」と自分を否定する思いがわいてくるときもあるはずです。怒りや悲しみを感じるときだってある。しかし、自分が嫌な自分にとらわれていることに気づけていることは自分が成長するための大事な一歩です。ネガティブな感情を止めようとすると、逆にその感情は自分を追いかけてくるので、そういう自分がいるということも受容してあげましょう。

その方法の一つとして役立つのはマインドフルネスです。「今、自分は否定的な感情を持っている」と自分を静かに見つめる。自分の怒りに半分巻き込まれたりしながらも、それも止めようとしないで見守っていくと、ネガティブな感情が収まっていきます。

成長のスピードはそれぞれのペースがあり、段階があり、紆余曲折があります。実に地道な作業ですが、継続するほど、自分自身をありのままに受け入れるようになっていきます。

自分自身の癒しが進んだら、毎日少しずつ無条件の愛を送る範囲を広げていきましょう。例えば、道路で交通整理をしている警備員さんに「ありがとうございます」と気持ちを向ける、電車やエレベーターで降りる順番を譲るなどの小さなことでいい。最初は「ふり」で構わないです。ふりであってもそれを行うと気持ちが穏やかになり、継続していくとふとしたときに相手からも愛の気持ちが返ってきたりします。見返りがないと感じられても、自分が与えたものは必ず何らかの形でどこかから返ってきます。そして「ふり」が少しずつ本物になります。

セラピーの現場では、心に傷を持っている方が来られますから、無条件の愛はなくてはならないものです。投影物語り法のセッションのときはもちろん、セラピストの方はぜひ無条件の愛をもってクライエントに接してください。「北風」のように厳しくジャッジをして強い言い方をすると、クライエントが衝撃を受けて一時的には良くなったように見えることもあるかもしれません。しかし、長期的に見ると、最後には優しく受け入れる「太陽」が癒します。

無条件の愛の実践を続けていくとどうなるでしょうか。得られる成果や気づきは人それぞれです。私自身でいえば、「心のありよう」がとても自由になりました。感情的な引っかかりが少なくなり、考え方も柔軟になり、自分のやりたいことをのびのびと実行できるようにもなりました。自由で自在に自分の心を使えることは、私にとって大きなギフトになっています。

無条件の愛の実践を、意志をもって行えば、次第にそのような自分に変容していきます。もちろん、この実践は一時の修練で終わらず、生涯続くものです。クライエントに行うセラピーも、私にとっては、一人の人間として無条件の愛を実践する場となっています。一生を終えるまで私はその努力を続けるつもりです。無条件の愛を与えられる範囲に限界があって構いません。私たちは人間ですから限界があって当然です。自分の限界を受け入れて、無条件の愛を実践していきましょう。

⑨クライエントの両極を扱う～全体性、統合～

前述の「肯定的な要素」の話とも関連しますが、クライエントには、肯定的なもの、否定的なものの両方が存在します。一方しか持たない人間は存在しません。

ゲシュタルト療法の理論には「両極性」という概念があります。人間の心には、「善と悪」「臆病さや慎重さと、勇気や無茶」というように、「相反する部分」が必ず存在していると仮定して

反対の極を意識することで幅が生まれる

私は真面目な人間。
だから、
いつも頑張らなければ
いけない。
私には気楽な部分もある。
だから、
時々ちょっとさぼったり
手を抜いたりもする。

クライエント自身が知らない、自分の中に存在する「知らない自分」に意識を向かわせることで、本来持っている人格の「使える部分」を増やしていく。

います。

望ましい状態は、自分の両極、全体を、場合に応じて使い分けられるようになることです。「仕事中は慎重にいく」とか「プライベートはもっと大胆になっていい」という風に、自分の心を自由自在に使えるのがしなやかで良い在り方です。それが理想なのですが、多くの人はある部分はうまく使えても、ある部分はうまく使えないのではないでしょうか。そもそも自分の中に「知らない自分」があることすら知らないわけです。

例えば、「私は生真面目な人間だ」と自分にラベリングをして、その部分しか使っていないことは多いかもしれません。それで真面目に会社で働き、人生がうまくいっている場合はいいかもしれません。

しかし、ブラック企業で長時間労働などを強いられて、「私は生真面目であるから頑張り続けないといけない」などと義務感だけに支配されるといつのまにか過労で倒れてしまいます。自分の中にある両極を意識してうまく使えていれば、「手を抜くときは手を抜こう」「今日は早く家に帰ろう」などと対処できるのですが、自分の一部分しか使えていないと、人生の中で変化に対応しきれないことが出てくる可能性があります。

ですから、何か不具合が起きる、人間関係がうまくいかなくなるなどのときには、自分の意識の枠組みを広げて、自分の中に本来存在している別の部分にも目を向けて使うと問題解決につながるときがあります。自分がラベリングしているものと反対の部分というのは、問題解決の役に立つことが多いです。ほとんどの場合は一方の部分は意識化されて、もう一方の部分は無意識に沈んでいます。無意識に沈んでいる部分を意識化すると自由度が増していきます。自分が本来持つ人格の「使える部分」を増やしていくのです。そうして柔軟性が高まっていくと、自分の中の自由を獲得していけるようになります。人としての器が広がっていくようなイメージです。

自分の知らない「反対の極」を体験するというのは、投影物語り法だけでなく、小説や映画の役割でもあるでしょう。暗い内容の映画だったとしても、自分の中の絶望感を言葉にできない人にとっては、それが救いになります。太宰治の『人間失格』が深く共感されているのは、そのような道化で醜い自分がいることを、小説にすることで肯定してもらえたと多くの読者が感じるからかもしれません。物語には、無意識に沈んでいた自分の一部を浮かび上がらせるという働きもあります。

投影物語り法では「前半の辛かった物語」「後半の肯定的な物語」の二部構成になっていて、最後に物語をハッピーエンドで「完了」させます。ここで重要なのは、両極を体験した後、いったん物語を終わらせることです。どちらも行き来できる状態にすることでクライエントはより自由になっていけます。また、私も含めて多くの人は、人生の中でさまざまなことを経験して両極の出来事を体験し、それを統合するプロセスを歩んでいるのではないでしょうか。

第３章

投影物語り法の実際

投影物語り法に取り組むときのポイント

これまで投影物語り法の理論についてお伝えしてきましたが、ここでは実際にセラピーに取り組む際のポイントをお伝えしていきます。投影物語り法のみならず、セラピストがセラピーを提供する上での大切なポイントになります。

気長に取り組む

セラピーは長期的に、気長に取り組みましょう。これはクライエントの皆様にも伝えたいことです。どんな技法を使ったとしても、長期にわたってセラピーを続ければ、多くの場合、心の不調は改善します。週1回受ける人、2週間に1回の人、月に1回ぐらいの人とさまざまですが、数年にわたってセラピーを受け続ければ、かなりの確率で確実に、良い変化や癒しが起こるでしょう。

また、セラピーを受けるほかにも、自分でもセルフケアをしていろいろと取り組んでいくと、徐々に結果が出てきます。例えば、〝回復までに3年かかる〟と思うと気が遠くなりそうですが、実践してみるとその数年もあっという間だったりします。コツコツと気長に行うことが、心を回復させるコツです。まずは焦らないことを心がけてください。

もちろん、すべてのケースで「良くなる」とは言い切れません。残念ながら、人を相手にする心理療法は、科学技術のように「何%の確率で絶対にこうなります」とは言えない世界です。「私のところに来れば絶対に治ります」というセラピストもいるかもしれませんが、結局は人と人との関わりなので、やってみないとわからないという側面があると思います。セラピストの技量だけでなく、クライエントとの相性も結果に影響します。

共感と受容

最近あるクライエントから指摘を受けました。「先生は私のこの辛さをどのぐらいわかってますか?」とセッションで問い詰められたのです。

「相手を理解しているつもりだったけれど、理解できていなかった」。私は35年以上心理臨床をしていますが、今でもこう反省するときがあります。人間なので、相手の傷つき体験やうれしかった出来事を同じように感じられないことはあるのです。しかし、頭だけで「きっとこうである」と理性だけで処理して「わかります」と答えてしまうと、「先生はわかっていません」とクライエントから突っ込まれます。

セラピストの最も大切な仕事は、クライエントの辛さや苦悩をしっかりと受け止めることです。これはすべてのセラピストの基本です。

頭で「お辛いのですね」と理解するのではなくて、セラピストが心とからだでちゃんと受け止めること。するとその瞬間にクライエントの何かが変わっていきます。これは事実です。ラポール（信頼関係）が築けるからこそ、認知行動療法も来談者中心療法も投影物語り法も、クライエントの癒しが進んでいきます。心が通わないと何も始まりません。

クライエントを、語られていない苦悩も含めて丸ごと自分の心とからだで受け入れられるかどうかというのは最も重要なセラピストの資質です。

本当の深い共感とは何でしょうか？　私も長い間、共感について考え、実践してきました。現在の私は、共感とは「身体感覚と心の感覚を伴ったものである」と感じています。身体感覚も含めて、相手の感じている辛さを自分も同じように感じている状態が深い共感で、言葉ではなく、相手からノンバーバルで何かが伝わってくるときに起こるものです。我々のからだにはミラーニューロンが搭載されていて、それが共感の土台になっているという説もあるようです。

私がセラピーでクライエントと向き合うときは、「この方の苦しみは、自分の過去の体験の中ではこういった身体感覚の状態に近いのかな」と思い出すような作業を行うことがあります。あるいは、自然と自分の身体感覚で、例えば、胸が苦しくなったと感じるときがあります。そして、「こういうしんどい感覚をクライエントは今、一生懸命伝えようとしているけれど、伝えきれていないのだ」というような感覚に入り、そして「あなたが言葉にしたその辛さは、何となく私もわかります」と伝えます。これができると、クライエントは何か大事なものを受け取ってもらえたという感覚になるようで、癒しが進んでいきます。

私は「エンボディド リスニング」という身体感覚を使った傾聴法も使っています。セラピスト自身が自分の身体感覚を感じながら傾聴する方法です。これを行うと、クライエントの腰が抜けたような感覚になるとき、セラピストも同じように腰のところに力が入らなくなるといったことが起きて、お互いのからだが共鳴していきます。

クライエントが一生懸命言葉で説明しようとしすぎるときは、かえって大事なものが伝わってこなかったりします。相手の気持ちがからだの感覚で伝わってこないときは、クライエント自身が身体感覚も含めて自分を受け止めていないかもしれません。

セラピストがクライエントと同じような心とからだの感覚になれると、クライエントと深い部分でつながるようなセラピーになります。

また、私が臨床の中で常々感じているのは、クライエントの多くは心の不調を抱える原因になったそのとき、孤独であったことです。当時、誰からもケアを受けられなかったために不調を長く引きずり、セラピールームにやってくるわけです。親からネグレクトを受けて、周囲の誰も助けてくれなかったり、事故でからだにショックを受けてもそのままにしていたり、圧倒的に「ケアをされる」という体験が不足しています。

ですから我々セラピストにはトラウマを受けて一人ぼっちだったときのクライエントの心のケアをする役割もあります。まず「大変でしたね」「一人きりで辛かったですね」などと声をかけ、孤独だった辛さを受け止めてあげることはとても大切なのです。

肯定的な関心

「肯定的な関心」もセラピストに必要な基本的資質です。肯定的な関心については、セラピストによって多様な表現の仕方があると思いますが、私の場合は二つあります。

まず一つ目は、相手の良いところを見つけようとすること。人間というのは、自然とネガティブな見方をしがちです。動物は生き延びるために危険やネガティブなものに注目する性質があるので、意識しないと相手の良い部分をなかなか見ることができないものです。

否定的な関心は世の中にあふれています。例を挙げると、ＳＮＳで有名人を攻撃したりするのは否定的な関心と言えるでしょう。

他者に対してネガティブな関心や否定的な視線を向けたとしても、「自分の心の中だけの出来事だから黙っていれば害はない」と思う人もいるかもしれません。しかしそういった雰囲気は必ず相手に伝わります。無条件の愛と同様に、他者に対する否定的な言動も必ず自分に返ってきます。否定的な関心を手放して、肯定的に他者を見ていく努力は誰にでも必要で、「肯定的な関心」を抱くことも日々の鍛錬が必要です。

私の例でいえば、自分の子どもと一緒にいると、すでに子どもが成人しているにもかかわらず、親としてどうしても子どもの未熟な部分に目が向いてしまいます。つい腹が立ってしまうこともあるので、そんなときは「うちの子の良いところはどこだろう」と意識的に視点を変えるようにします。自分の視点を肯定的なものに変化させると、子どもはそれに気づいて態度が穏やかになります。セラピストとしても、人の長所や強みに目を向けることはクライエントの心の回復の助けにもなり、それだけでセラピーが成立することさえあります。

二つ目は、「クライエントが対人関係においてどのような肯定的な経験ができなかったのかを考えて、不足している経験をすること」です。

セラピストがクライエントの話に耳を傾ける。話に必ず応答する。理解しようと試みる・理解する。気持ちをわかってあげる。良い部分はちゃんと認めてあげる。ほめる・長所を認める。良い意味で常識ある大人としての、現実的な意見を述べる。怒りを自然と認める（クライエントがセラピストに対して怒りを表現したときに、それをしっかり受け止める）。必要があれば、クライエントに謝る（例えばクライエントが理不尽な両親から、辛い思いをさせられたにもかかわらず、謝られた経験がないとき）等々。

抽象的なレベルではなく、なるべく具体的なレベルでクライエントに欠けている肯定的な体験をセラピストとの間で経験することが、回復の支援になります。

遊びとリラックス

日本では、まだまだセラピーやカウンセリングは一般的なものではありません。悩みをもっている方は、不安に思いながらも、恐る恐るセラピールームの扉をノックしてくることがほとんどです。

こんなとき、物語づくりはセラピーの導入として役立ちます。緊張してやってくるクライエントに対して、「まあ遊びだと思って、物語をつくってみましょうか」と提案してみます。すると、「それぐらいなら自分にもできるかな」「ちょっとやってみようかな」とクライエントの緊張がふっとゆるみます。リラックスした状態でセラピーを受けていただくのは必須の条件です。

遊びでお話をつくるといえば、子どものおままごとなどはまさにそうですね。自分が物語の創造主になれて、ある意味、怖いものなしの世界です。自分が自分の物語をどうつくってもいいし、何をやってもいい。

また、セラピストにとっても、物語を自由に語ってもらうことは、楽しい作業である場合が多いです。お互いに心理的なプレッシャーがなくなります。セラピストが気楽でいられることは、まわりまわって、クライエントにも良い効果を生みます。

前にも述べましたが、私はアメリカに留学していたときに、「クリエイティブペインティング」のクラスを受講したことがありました。自分の心に浮かんだことを自由に絵で表現していく内容のクラスで、グループの雰囲気はとてもリラックスして、安心安全で適度なジョークがありました。そして、そういう安心安全な雰囲気がずっと保たれていました。するとそれまで受けたセラピーとは別の「深いもの」が私の中からいろいろと出てきて不思議に思いましたが、それは安心、安全の効果だったのでしょう。

人はほっとして、リラックスすればするほどさまざまなことを思い出しやすくなり、クリエイティビティも発揮しやすくなります。フロイトも「自由連想法」をリラックスした状態で行っていました。ただし、リラックスといっても、それはボーッと散漫になった状態ではありません。リラックスはしているけれども、ちゃんと何かに集中している状態が理想です。一流のアスリートはリラックスしながらも集中していて、良いパフォーマンスをするといいます。安心安全があればあるほど重要な事柄にも焦点を当てやすくなります。逆に、緊張があると絶対に大事なことが出てこない場合もよくあります。

相手のことも回復のプロセスも完全にはわからない

私たちセラピストはプロとして仕事をしています。さまざまな理論や技術を学び、「人間の性格・心とはこうである」という知識と何らかの経験を持つ方もいるでしょう。

しかし、結局はクライエントのことは完全にはわかりません。

セッションは1時間程度という短い時間です。それを週1回継続したとしても、それほど大した時間ではありません。クライエントははるかに長い歴史を抱えて生きています。クライエント自身も自覚していないトラウマや家系の傷を持っている場合もあり、本当のところなど結局わからないのです。ですから、「相手の人生について本当のことは知らない」ということは、常に心に留めておくべきです。簡単に「こうすれば良いでしょう」などと言ってはならない。ついい言ってしまうときもありますが、セラピストであればこれは大事にしたい鉄則です。

回復のプロセスについても同様です。巷には多種多様な心理療法や理論があり、「こういう順番でアセスメントを進める」「こうして人は回復する」といったプロトコルが提示されていることがあります。例えば、「親との関係に問題がある」という基本前提でセラピーを行う方もいます。しかしそうとも限りません。例えば、急に不安な気持ちにおそわれる原因は過去の交通事故によるものかもしれないし、生活習慣によるホルモンや自律神経の乱れかもしれないのです。ですから、常に「わからない」を前提にしてセラピーを行うことが大切です。

実際のところ、臨床現場では想定外の出来事ばかりです。投影物語り法でセラピーを行ってきた中では、意識の上では気にも留めていなかった兄弟間の関係が原因で、心身に不調を来していたクライエントもいました。私の予想とは異なる、思いもよらないようなプロセスで回復していく方も少なくありません。クライエントの「道の歩み方」を決めつけず、寄り添いながらプロセスを共に見ていくことが大切です。馬を水辺に連れていくことはできても、水を飲ませることはできないので、結局のところ、セラピストは見守るしかできません。

そしてクライエントの回復のプロセスに寄り添うときには、そこには自分の「軸」が必要です。ひたすらに「自分を失くして」共感することではありません。

先ほどからだごと共感する態度が必要であると述べましたが、忖度しておもねって、ただ横にいるだけでは癒しは起こりません。自分を失くして相手に寄り添うのは「幽霊」と同じです。クライエントは生身の人の存在を近くに感じてこそ安心します。幽霊が横にいても頼りにならないし、安心・安全を感じられません。

例えば、機械的に「○○ですね」とオウム返しで言葉を返すカウンセリングのスキルは、使えることは使えますが、ずっとそれだけだとクライエントは物足りなくなりますし、それで先に進めるかといえば疑問です。セラピストが共感を無理に試みすぎると今度はセラピストが疲労します。共感をベースにしつつ、ときには問題に直面することも必要で、繊細なバランス感覚が求められます。

伴走する際に最も重要なのは、セラピストは決して自分側からは関係を切らないこと。「相手から投げ出されない」というクライエントの安心感はセラピーをする上でのアンカー（錨）となります。もちろんクライエントは、いつでも自分から関係を切って構いません。

セラピーに必要な知識

転移 ～親との関係性の再現～

長期にわたるセラピーでは、クライエントとセラピストの関係性に揺らぎが生じることがあります。信頼関係が強固になるときもあれば、危うくなるときもあります。二者の関係性が危うくなる場合、そこには「転移」という現象が原因として潜んでいることがあります。

「転移」とは、セラピーの中でクライエントがセラピストに対して親子関係や養育者との関係の再現をすることを意味します。怒りなどの感情が衝動的にわきあがる場合に、その感情を引き起こした原因は過去の父親や母親の態度であるのに、その原因が目の前のセラピストである、とクライエントが誤って帰属させていることです。

親に裏切られ続けて人を根底から信じられない場合、セラピーの場合においてもセラピストのちょっとした言葉で、「この人も信じられないのではないか」という反応が起きます。転移は、問題の相手にふっかけるべき喧嘩を、お門違いの誰かにふっかけているようなものです。気持ちをぶつける相手を間違えているのが転移です。親や養育者に対する行動をセラピストに転移するわけです。

例えば、セラピストがちょっとした言葉のミスをして、クライエントが一瞬むっとしたりするのは、人として自然なことです。しかし、そこに転移が絡んでくると、「ちょっと」どころではなくて、「ものすごい怒り」が返ってきます。あまりにも場違いな感情的な反応がクライエントから返ってくるのは、何か違う原因があって起こっています。そして「裏切られた」と失望し、きつい言葉をセラピストに浴びせることもあります。

もともと心の調子を乱してセラピーにやってくる人たちは、多くの場合、対人関係で不自由な思いをしていることが多いです。結果、幼少期から思春期にかけての長年の親子関係の中で不適切な対人関係のパターンが出来上がってしまっています。

とくに精神的な暴力（暴言、否定的な発言など）を繰り返す親のもとで育った子どもは、「自分を無条件で肯定してもらえない」という対人関係のパターンが刷り込まれています。そういった子どもが成長するとどうなるのでしょうか。友人や教師、会社の上司に対しても「自分はどうせ認めてもらえない」と無意識で考えてしまい、誰といても心から安心することができず、親密で持続的な関係が築けなくなりがちです。

不適切なパターンが強いほど、脊髄反射のように一般的な対人関係にも転移されて、セラピーの場でも転移されます。それがセラピーの場でもプロセスが進む妨げとなります。転移がどう働くかは事前にはわかりません。

セラピストがそのような状況に遭遇したら、クライエントは何の転移を起こしているのかを冷静に考えてみましょう。転移を起こしているとしたらもともとは誰に対する怒りなのか。転移に気づけないと、セラピストは「自分がミスをして、クライエントの激しい反応を引き起こしてしまった。とんでもないミスをした」と捉えてしまい、潰れてしまうかもしれません。

転移に気づくと、クライエントから過剰な怒りをぶつけられても「小さなミスは人間だから仕方ない」とセラピストは自分自身を受容できます。過剰な反応の強さは相手に問題があります。クライエントの感情のパターンに気づけると、相手の転移に巻き込まれにくくなります。

次に、転移に気づいたらどう関わっていくとよいのでしょうか。感覚的な説明になりますが、転移があると気づき続けて、それを受けながらクライエントに関わっていくようにします。気づいているけれどもそれに巻き込まれないで、相手の転移を受け止めていく。すると次第に転移は収まっていきます。転移症状が収まるのにかかる時間には個人差がありますが、おおよそは数カ月で収まると言われています。私自身が受け持ったクライエントもいちばんひどい状態でも数カ月間がピークで、そこから鎮まっていきました。

ピークが過ぎると、クライエント自身も「これは転移」だと自覚的になっていきます。「セラピストに『ああしてほしい、こうしてほしい』と私は文句を言っているけれど、これは行き過ぎた期待で、筋違いの文句だな」とわかるようになります。転移体験に気づいたAさんは、「私は今まで八つ当たりをしていたんだ。なのに、セラピストは八つ当たりしたことに対して神様みたいに受け止めてくれて、自分は何をしていたんだろう」と我に返ったそうです。「受け止めてくれたセラピストに感謝すると同時に、自分の情けなさを感じた」とおっしゃっていました。

転移は身体反応でもあるので、クライエントは頭（脳）で理解すれば収まるものではありません。それでもセラピストに対する感情と、転移の原因になった人物（主に親）への感情と識別できるようになると転移は次第に収まっていきます。

セッションではこのような転移を扱う必要性があるのですが、転移を起こすクライエントの多くは途中でセラピーをやめてしまいます。1回、または数回で。限られた回数の中で、生きづらさが解消する人もいますが、基本的には転移からの癒しは短い期間では難しいようです。

また、私がセラピストからスーパービジョン（指導・助言を与えるプロセス）をするときに、新米のセラピストから「依存的な態度をとるクライエントがいて困っている」といった相談を受けることがあります。こうした悩みは経験が浅く、転移などに関する基本的な理解や視点が十分ではないために、クライエントの態度を「困りごと」として受け止めるのだろうと思います。「クライエントが依存的で困っている」という表現は、セラピストの自分中心的な考えであり、クライエントに寄り添ってはいません。セラピストがクライエントを受容できないときは、クライエントの背景を十分に理解するための、さらなる傾聴や学びが必要です。

意識の構造化 ～ときに子どもの意識に戻る～

一人の人間の中には、赤ちゃんのような自分、若者の自分、年を重ねて成熟した自分などさまざまな「自分」がいます。細かく見ると、人というのは意識状態がいくつかに分かれていて、それを自動的にスイッチングしながら生活を送っています。我々の意識は、実は連続的に変化しているわけではなく、大人の意識状態のときもあれば、ふとしたときに小学校1年生の頃の意識状態にスリップすることもあります。

私であれば、仕事の場面では、60代の大人の分別のついた心理療法家としての意識状態でいます。しかし同時に子どもや高校生の頃の意識状態なども持ち合わせています。同窓会で学生時代の同級生と再会すると、知らないうちに能天気な男子学生の頃の気持ちに戻ってバカなことを言ったりします。親、パートナー、我が子といるとき、基本的には60代の大人の意識であっても、違う意識の自分も姿を現します。これはごく普通のことです。

ただ、その意識状態に戻っていることに気づいていないと問題が起こる場合もあります。私が高校生男子の意識状態にスリップしたままの状態で、息子や娘に何かどぎつい冗談を言ったとします。庇護してくれるはずの親から、10代の男子学生がつい口走ってしまうような嫌な言葉を投げかけられたら子どもは傷つきます。まさか目の前の父親が男子学生の意識状態に戻っているなんて思いもしません。息子や娘は父である私の人格を疑い、心を閉ざすかもしれません。

セラピーのときのクライエントも、意識状態が変化します。過去に辛かった出来事を思い出すとき、クライエントの意識は当時の自分に戻っています。例えば、小学校1年生の頃に自分がいじめに遭ったとします。クライエントはいじめを思い出すたびに小学校1年生の意識状態に引き戻されています。セッション中に辛い出来事を思い出して、クライエントの頭が真っ白になってしまったり（乖離）、または過剰に見える甘えの意識が出てきてセラピストに転移したりするのは、当時の頃の意識に戻ってしまうからです。そして、当時の辛さを感じ始めて、辛さに対する心とからだの防衛反応が起こります。

辛い出来事を経験して、トラウマに苦しんでいる人は、意識の構造化によって「心に傷を受けたときの意識状態」と「現在の大人の意識状態」の間に〝情報の隔壁〟をつくっていると考えられています。そうして自分を守っているのです。しかし、そうするとセラピーのときに大人の意識状態でいくらケアを受け取っても、傷ついた当時の自分には情報として伝わらない、つまりそのときの心の傷が癒されない可能性があります。大きな心の傷、トラウマがひどくなればなるほど、過去の自分と大人の自分の意識状態との間で、情報が共有されなくなります。

ですから、当時の意識に戻ることが辛いとしても、セラピーの際にはそれをしなくてはならないのです。心に傷を負ったときの意識状態にある程度戻って、その意識状態のままでケアされる必要があります。さらにそれらの作業を現在の意識状態と紐づけしていきます。

ところが、一般的なカウンセリングで心の傷に近づこうとすると、クライエントは自分を守ろうとして乖離を起こし、結局、そのときの傷に近づけません。催眠療法であれば傷ついた自分を呼び出すことには成功しますが、催眠療法が終わると本人は何も覚えておらず、その隔壁は変わらず存在し続ける場合があります。

このようなことがあるので、セラピストがセラピーでクライエントの心の傷に近づく際には、クライエントの意識状態はいつもの意識状態、つまり大人の意識状態ではないと認識する必要があるのです。クライエントは無意識に、あるいは大人の意識状態と混ざりながら子どもの意識状態に戻って、何かを再現しています。とくに乖離や転移を起こしているクライエントはその傾向が強いです。これは投影物語り法でも、一般的なカウンセリングでも同じです。

セラピストはこれを踏まえて、クライエントの心のケアをしながらプロセスを進めなくてはなりません。もしもクライエントがこちら側に何かを試してきたり、無理難題をふっかけてきたりするのであれば、セラピストに対して安心や安全を求めて何かを訴えてきていると理解したらどうでしょう。クライエント自身には子どもの頃の意識に戻っている自覚はありません。知らないうちに子どもの意識状態に半分スリップしているのです。それを「依存」と捉えてしまったら、真の信頼関係は構築できず、解決できるものも解決できなくなってしまいます。依存や転移は何か子どものときの必然があって現れ、それを大人のクライエントが行っていると考えるほうが理解が進みます。

転移が起こったときには、セラピストは意識の構造化理論を思い出して、「このクライエントがこういう態度になるにはどのような背景があるのだろう?」と受け止めると良いと思います。「このクライエントが子ども返りしているとしたら何歳ぐらいだろう」とか「その子どもがそうなって当然の背景や出来事はどんなものがあるか?」と考えてみてください。

転移や依存をセラピストがきちんと受け止める。半年でも1年でも1年半でもいいので時間をかける。そうすると心の傷ついた部分が癒されていき、クライエントは回復していきます。甘えが出たら甘えさせて、セラピストがそれを受け止めることが大事だと思います。

●「もらうこと」と「投影同一視」

クライエントが発したネガティブな感情やその気配に影響されて、セラピストもネガティブな感覚になることを、「もらう」と呼ぶことがあります。「もらう」の定義に正解はなく、セラピストによってさまざまな考えがあります。「もらうと思っているのは勘違い」としているセラピストもいます。私は自分の臨床経験から「もらうこと」は起こり得ると考えています。

「もらう」とは、精神分析でいう「投影同一視」であると私は考えています。投影同一視は、言語が発達する以前の乳幼児が、自分の欲求を相手（親）の中に放り込むコミュニケーション能力と考えられています。「ミルクがほしい」といった欲求に養育者が気づかないと乳幼児は死んでしまう可能性があります。ですから、乳幼児は自分のニーズを、言葉を使えない代わりに、直接、非言語的に親に伝えるというわけです。１００％ではないけれど、非言語でも気持ちがわかり合える能力が私たちには備わっています。投影同一視は自分（主体）と客体（他人）が入り混じった未分化の状態であり、原始的、根源的な関わりです。人間は成長していくにつれて自我が発達して自己と他者に分化していきますが、ときに投影同一視が顔を覗かせることもあります。

投影同一視が起こっているときは、クライエントは何をしているかを理解していません。クライエントは自分では抱えきれないものを自分の中から出して、セラピストの中に無自覚に放り込みます。投影同一視は、自分で処理できないものを相手に放り込んで、自分はそれを回避しようとして解決しようとする無意識の行動です。

わかりやすい例としては、クライエントが無意識にイライラしているとします。しかし、自分ではイライラを保持できない（「保持している」と意識するのが辛くてできない）ので、態度としてはイライラを出さずにいます。すると、セッション中にセラピストはイライラ感をクライエントから放り込まれ、イライラしてきます。ここからが肝心です。すると、セラピストは「自分がイライラしている」と理解してしまいます。なぜならば、クライエントはあるレベルの平静さを保っていて、イライラしている様子を見せないからです。結果、セッションが終わった後もそのイライラがセラピストの中に残ります。

クライエントが自分の心に抱えておけないネガティブな感情を放り込んだことをセラピストが自覚できていないと、「これは私のネガティブな感情である」と勘違いし、「自分はなぜこんなにイライラしているのだろう」と、イライラを自分のものだと捉えます。

しかし、セラピストが「今、投影同一視が起こっている。このイライラをクライエントは本当は感じている。しかし、それを言葉・態度で表現できずに、私（セラピスト）に直接的に放り込んで、理解してもらおうとしているのだ」と気づくと、その瞬間に、セラピストの中のイライラ感は消えていきます。

このような場合、セッション中のクライエントの話を振り返ると、「クライエントはイライラしていても自然だろう」という内容であることが多いです。しかし、クライエントはイライラ感をおくびにも出さないので、セラピストも投影同一視に気づかないのです。

セラピストが「もらわない」ためには、転移と同様に、それが起こっていることをしっかりと認識することが必要です。クライエントが自分では抱えきれない感情をセラピスト（自分）に感じさせていると理解できると、「もらった感覚」はセラピストからスーッと抜けていきます。クライエントが持つ言葉にできない苦しみを的確に理解できたとき、自分の中のネガティブな気持ちも晴れていきます。

ポジティブに活用すれば、この投影同一視は、深いクライエントの理解につながります。セラピストが投影同一視に気づくか気づかないかで、クライエントへの反応が大きく異なるからです。

先ほどの例を使って説明をしましょう。セラピストがクライエントのイライラに気づかない場合は、セラピストは「今日はクライエントにイライラした」「（そのせいで）セッションが進まなかった」と自己反省します。さらにこのイライラはその後のセッションでも続きます。投影同一視は、何回も続く場合が多く、その理由としては、それだけクライエントは自分の気持ちやニーズに気づいてほしいからです。乳児が母親に対して自分の空腹感に気づいてほしいのと同じです。これが繰り返されるとセッションが少しも進む感じがせず、セラピストは困ります。往々にして、セラピストはクライエントに対してネガティブな気持ちを抱きがちになります。

一方、セラピストが投影同一視に気づくと、それだけで何かがクライエントに伝わり、セッションが進みます。何よりも「クライエントはこんな気持ちを表現できずにいた」とセラピストが理解できると、相手への理解と受容が進みます。クライエントに対してネガティブな気持ちになることはありません。

もう一つの可能性として、セラピスト自身の気づいていない感情がクライエントとの関わりの中で浮かび上がってくるケースもあります。これは「もらっている」のではなく、セラピスト自身の問題が浮上している場合です。このようなケースでは自分をセラピーして、感情の原因を特定していけばこの現象は消え去ります。いずれにせよ、セラピストはセッション中の自分の気持ちに気づくこと、つまり、自分を観察するマインドフルネスの態度を持つことが大切です。そして無条件の愛を注ぎながら受容、共感を通して、クライエントを理解しようと努めます。今十分にできなくても、それらを心がければ、明日は、今日よりもできるようになるでしょう。

トラウマとは

これまで、辛い出来事を思い出すと乖離してしまうクライエントがいることを述べてきました。乖離の背景には、クライエントの記憶の断片化やトラウマが関係しているケースがあります。ここではセラピーに必要なトラウマの知識を紹介したいと思います。

●トラウマは自律神経の調整不全

トラウマは、事故に遭った人、虐待を受けた人だけが持っているというわけではありません。人間であれば、何らかの小さなトラウマを持っていても不思議ではありません。

自律神経の視点からすると、トラウマは自律神経の調整不全とも言えます。24時間365日、自律神経がパーフェクトに働いている健康状態の人はいません。誰もがからだに何らかの「バグ」を抱えています。

ポリヴェーガル理論

自律神経とトラウマのメカニズムとして、ここ近年注目を集めているのがアメリカの神経科学者スティーブン・ポージェス博士が提唱した「ポリヴェーガル理論」です。この理論によると、私たちの自律神経は、外部の環境に適応できるように活動状態を切り替えているとしています。同理論では、自律神経の活動状態は主に三つの段階があると言われています。

①安心できる状態のとき

周囲に敵がおらず、養育者や仲間に囲まれているとき、私たちはリラックスして安心感を得ています。そのような状況では、副交感神経が優位になっています。主に腹側迷走神経系が働きます。身体状態は、心拍が穏やかで呼吸は安定しています。他者とつながりの感覚が生まれて、社会的な交流がスムーズにできます。

②危険な状態のとき

ストレスレベルがかなり上がる、または周囲に敵がいる、あるいは命の危険があると感じられる状態のとき、私たちは「闘う」か「逃げる」か、いずれかの選択をします。生き延びるために交感神経が優位になり、活発な活動状態になります。心拍が速くなって、呼吸が浅くなります。危険を感じているため、不安や緊張感が強い状態です。しかし、まだ闘える／逃げられるとからだが判断している状態です。行動は機敏になりますが、怒りが強くなって、他者と言い合いになることもあります。

③危険から逃げられないと感じている状態のとき

②よりもさらに危機的な状況のとき。自分ではどうしようもできないほどの圧倒的な危険に晒されていたり、あるいは過度なストレス状態が長期にわたって続いたりしているときです。こうなると私たちのからだは凍りつき、闘うこと／逃げることを止めてしまいます。副交感神経の背側迷走神経系が優位になり、痛みを感じないようにする防衛反応を起こします。具体的

には、動けなくなったり、乖離現象が起こったりすることもあります。

人は①～③を無意識にスイッチングしながら生き延びようとします。これは自律神経の働きなので、自分の意思でスイッチングを選択することはできません。基本的には①の状態が最も心地よく幸せを感じますが、危機が続いて②にスイッチングしやすくなると、怒りが強い、逃避的な行動が増えるなどして社会生活に支障を来します。②から③へと移行し、危険からは逃れられないと判断すると社会生活そのものがかなり難しくなります。うつっぽくなり、自分の感情が感じられなくなり、他者との関わりを避け、ひきこもりがちになるかもしれません。

このポリヴェーガル理論を基に考えると、トラウマを解消し、自律神経が安定して健やかであるには、自分の環境が「安心安全」であり、それを感じていることが必要であるのは明らかです。投影物語り法で肯定的な物語をつくることは、クライエントに安心を感じていただく意味もあります。

トラウマの種類 ～単発性と発達性～

トラウマには種類があり、大きく分けると、突発的な事故などで起こる「単発性トラウマ」と、長期的な虐待などで起こる「発達性トラウマ」の二つがあります。

単発性トラウマの例は、事故に遭う、地震や津波などの天災に遭う、強盗や性被害などの犯罪に巻き込まれるといったものです。夜中に人気のないところで痴漢に襲われて以来、人気のない暗いところを歩けなくなるといった単発性の出来事は記憶に残っていることが多く、私の臨床経験では、その出来事を語ってもらうことでカタルシス（強い感情の解放を通じて、心が浄化されたり、すっきりしたりする感覚のこと）が起こって記憶の諸要素が紐付けられ、トラウマが解消される場合が多いです。

一方、発達性トラウマは、長期にわたる強いストレスがトラウマになることを指します。主に子どもの頃から何年にも及んで受け続けてきた親からの暴言、精神的・肉体的暴力、ネグレクトなどです。

発達性トラウマの場合は、子ども自身が「自分が不適切で過酷な環境に置かれていた、虐待されていた」とそのときに理解していることは稀です。そして、ある成育期間の出来事をあまり覚えていない場合も多いです。とくに言語能力があまり発達していないときは、自分の気持ちを話せる能力もそれほどなく、怒っている、悲しい、辛いなどの気持ちを言葉で上手に表現できません。親が圧倒的に権力を持っているので、子どもが親に対して自分のニーズを言うことはほぼ不可能です。

健全な親であれば、親が子どもの心を察します。子どもが怖がっていたら、「怖かったね」と言って抱きしめてあげるでしょう。本来はそうして適切に子どもをケアしていくわけですが、親がそういうことをしなければ、子どもはケアもされないし、言葉で適切に表現もできません。そのため、子どものストレスは解消されず、ずっと積み重なっていきます。発達性トラウマは、それだけ根が深いトラウマであり、大人になってからも、トラウマ由来の症状に苦しむケースが多いです。ところがクライエントは「自分は普通に育った」と思っているのです。もしくは「何かあったような気がするけれど、具体的には何も覚えていない」ことも多いのです。忘れることで生き延びてきた面もあります。原因になった出来事を特定して語れると、それだけで人はかなり癒されていくのですが、発達性トラウマの場合は記憶に上がりにくい難しさがあります。しかも、仮に語りたいと思ったり、語ろうとしたりすると、ポリヴェーガル理論でいう凍り付き

（③の状態）が自動的に起こり、語れなくなったりするという困難さもあります。

世代間連鎖の可能性も視野に入れる

突発性トラウマや発達性トラウマに分類しきれないものとして、「世代間連鎖」というものもあります。虐待を受けた子どもが成人して親になり、自分の子どもに虐待をしてしまう。こういった負の連鎖は社会的問題になっています。

この負の連鎖は、親から子へ受け継がれるだけではありません。祖父母から孫へ、さらにそれより前の祖先から子孫へと連鎖していることがあります。証明はできませんが、過去世とも言えるような出来事も、世の中の人が理解している以上に強力に働いている場合があります。これは私の臨床での体感です。

例えば、祖父や祖母の強い恐怖のようなものが世代間連鎖で孫に伝わっている場合、孫は自分の中になぜこんな恐怖があるのかわかりません。トラウマの影響が親からくる場合は、親とは一緒に暮らすことが多いのでその影響を自覚しやすいです。しかし、祖父母や曽祖父、曽祖母などの上の世代になると関わりがないことも多く、その影響を認識しづらくなります。祖先の恐怖が孫に影響を及ぼしているのに、孫が自分の成育歴をいくら探しても、そこまで恐怖を感じるような出来事が出てこない。孫は、「自分が怖がりなのはそういう性格だから」と思い込む場合もあるでしょう。

実際のセラピーでこのようなことがありました。「先祖の墓を守り続けなければいけない。しかしそれが自分にとっては重い」と悩むクライエントがセラピーにやってきました。その方に物語をつくっていただくと、ご先祖様の無念な思い、お墓をどこかに移したかったけれど移せなかったといった不思議で未完了な思いが表れてきました。クライエントは投影物語り法によって、墓守のプレッシャーから解放されました。

そういった世代間連鎖は、エピジェネティクスとして、遺伝子の研究でも明らかになっているようです。有名なのは、ネズミにある匂いを嗅がせて電気ショックを与えることを繰り返した実験です。そのネズミはその匂いを反射的に避けるようになり、生まれた子ネズミも同様にその匂いを避けるようになったそうです。遺伝子を通して、トラウマのようなものが伝播しているという研究です。

投影物語り法で世代間連鎖を発見し、解消のサポートを行うときは、次のことを意識して行います。まず、クライエントの話が彼ら彼女ら自身の現実とかけ離れたものであると思えても、「どんな原因もあり得る」とセラピスト側が可能性を開いておくことです。ふと出てくる物語には何らかの意味があることが多いです。その問題を外在化してふさわしい人物像をつくっていくと、クライエント本人が気づいていなくても、先祖の影響がストーリーを通して出てきたりします。出てきた題材をもとに物語をつくっていくと、不思議なもので深く癒されたりします。投影物語り法は脈々と受け継がれてきた痛みに安全に触れることができ、肯定的な結末を体験することでクライエントを癒します。

どんな人も大なり小なりトラウマや先祖から受け継いできたものは持っています。「一応うまくやっているけれど、自分の人生を生きている気がしない」「家族と仲が悪くはないが、さみしい気持ちが拭えない」といった些細な違和感の裏に自分でも気づかないトラウマが潜んでいる場合もあります。自分の中でひっかかりがあれば、物語をつくってみるのも良いでしょう。

このような世代間連鎖に少しでも気づけると、この種類の生きづらさは100%自分の責任ではないことが理解できます。それだけでも少し気持ちが楽になっていくでしょう。なぜなら昔から持っていた負の感情は、そもそも自分のものではなかったことに気づくからです。

トラウマと記憶の関係

さて、トラウマを受けたときに、記憶はいったいどのようになっているのでしょうか。

記憶を構成する要素はいくつかあり、大まかに分類すると、何が起こったかを文字や言葉にできる「陳述記憶」と、からだの動きで覚える「手続き記憶」の二つがあります。基本的には、ある出来事に対して、陳述記憶と手続き記憶がきちんと結びつけられて脳で保管されていると考えられています。

例えば、「小学生の頃、自転車に乗っていて転んだ」という記憶があるとします。この記憶が「自転車に乗っていたら転んだ」といった普通の出来事である場合、「自転車で転んだ」という陳述記憶と、「転んだときのからだの動き、恐怖」という手続き記憶がセットで記憶されています。仮に手続き記憶による恐怖感が蘇っても、それとセットになった陳述記憶も同時に思い起こされるので、「ああ、この恐怖は自転車で転んだときのものだ。今は転んでいないから大丈夫」と脳もからだも納得して、それで完了します。こうした一般的な記憶のことを「クールな記憶」とも言います。

このように、通常はある出来事と同時にそのときの感情も一緒に蘇って「思い出」として処理されるのですが、トラウマになると、陳述記憶と手続き記憶が分断されて記憶されます。

その理由は、トラウマを受けた衝撃が大きすぎるので、それが関連付けられて記憶されてしまうと心身が耐えられなくなるからです。虐待や性被害、大きな事故などを思い出すと、自分自身が破壊されてしまうので、ショックが大きすぎる体験はあえて関連付けないようにしているのです。陳述記憶は陳述記憶で保存し、手続き記憶は手続き記憶で保存して、それぞれの脳の領域に保管はされるのですが、どうやらそれを関連付ける前頭葉の部分は働かないようにしているようです。ですから、トラウマの場合はそれぞれの記憶が普通の記憶のように紐付けされていません。この状態は、「断片化され、分断された状態で記憶されている」と考えていいのかもしれません。

記憶が断片化され分断されていると、大きなショックを受けずに済むメリットがありますが、問題は、何かの拍子で刺激を受けてトラウマによる恐怖や感情が蘇ったときです。手続き記憶と陳述記憶が紐付けされていないと、トラウマで受けた恐怖などが「過去の出来事である」と正確に認識できません。実際には過去の恐怖であるにもかかわらず、「現在の自分のいる状況が怖い」と理解するしかなくなります。そうすると、日常生活でいろいろな不自由を引き起こします。なぜか「地下が怖い」「眼鏡をかけた細身の女性が苦手」など、本人も理由がわからない恐怖や生きづらさが生まれるのです。

例えば、大きな地震で生きるか死ぬかという体験をしたのが健常な状態の大人であれば、地震の映像を見るとその恐怖が蘇ってきて、「地震のときは本当に怖かった」と感じることができます。その恐怖を何度も繰り返すことは辛いのですが、時間が経過するにつれて脳がその記憶を徐々に処理してくれます。悲しみは残っても、わけのわからないパニックなどは起こりにくくなります。時間薬とは、脳が記憶を処理する時間と言ってもいいのかもしれません。

トラウマを解消しようにも、そもそも陳述記憶と手続き記憶が分断されていたらその作業は困難を極めます。ましてや、幼少期、4～6歳くらいにネグレクトや虐待を受けていたら、その頃の本人の記憶はすっぽり抜けています。実際、「8歳くらいまでの記憶がまったくありません」といったクライエントは私のところにやってきます。「わけのわからない恐怖があるけれど、トラウマを思い出そうとしてもなかなか思い出せない」と苦しむことになります。

仮に、「このトラウマはこの出来事が原因である」と本人がうっすら自覚している場合ですら陳述記憶と手続き記憶を結びつける作業は難しいです。結びつけようとした途端に恐怖感やパニック感情がいっぺんにわきあがってくるので、乖離が起こるかもしれません。そのような反応はからだが自動的に起こす反応なので、自分の意思ではコントロールができません。

陳述記憶はわりと簡単に忘れても、恐怖感のような身体感覚や感情は、何かの刺激でふと蘇ってきます。カウンセリングのような言語的なアプローチの場合は、頭の中に覚えている出来事を話していくので、本人自身も覚えていないトラウマでバラバラになった記憶は、ポリヴェーガル理論の原理的にはアクセスしづらいのです。

SIBAM～体験に対する反応～

トラウマと記憶の状態について、身体心理療法の一つ、「ソマティック・エクスペリエンシングSE™（Somatic Experiencing®）（以下、SE）」では、前述の考え方をもう少し細分化しています。SEでは、体験に対する反応には5つの要素があり、それらを統合することがトラウマの治療になると考えています。この5つの要素は、アメリカの心理学者ピーター・リヴァインにより、「SIBAM理論」※としてまとめられています。

①Sensation（身体感覚）

次のようなからだの感覚全般を指します。

※SIBAM理論　アメリカの心理学者・ピーター・リヴァインにより提唱されたトラウマに関する理論。トラウマ体験が感覚、イメージ、行動、感情、意味という5つの要素から成り立ち、それらが解離することでトラウマ症状が現れるとしている。リヴァインの治療法は、これらの要素を統合し、からだに蓄積された緊張を解放することで、トラウマから回復することを目指している。とくに、複雑性PTSDの治療に効果があるとされている。

・外部からの感覚：視覚、聴覚、嗅覚、味覚、触覚
・内部からの感覚：内臓感覚、心拍の感覚
・固有受容感覚：空間での自分の位置を認識する感覚
・前庭感覚：姿勢の感覚や空間認識など
・運動感覚：筋肉の緊張など

Ｓｅｎｓａｔｉｏｎは、体験に伴って胸がドキドキしたり、冷や汗をかいたりするなどのからだの反応です。

②Ｉｍａｇｅ（イメージ）

頭の中で浮かぶ映像や空想などのイマジネーション。体験をしたときにぱっと浮かんだイメージのほか、体験それ自体に対する抽象的なイメージなども含まれます。

リヴァインによるSIBAM理論

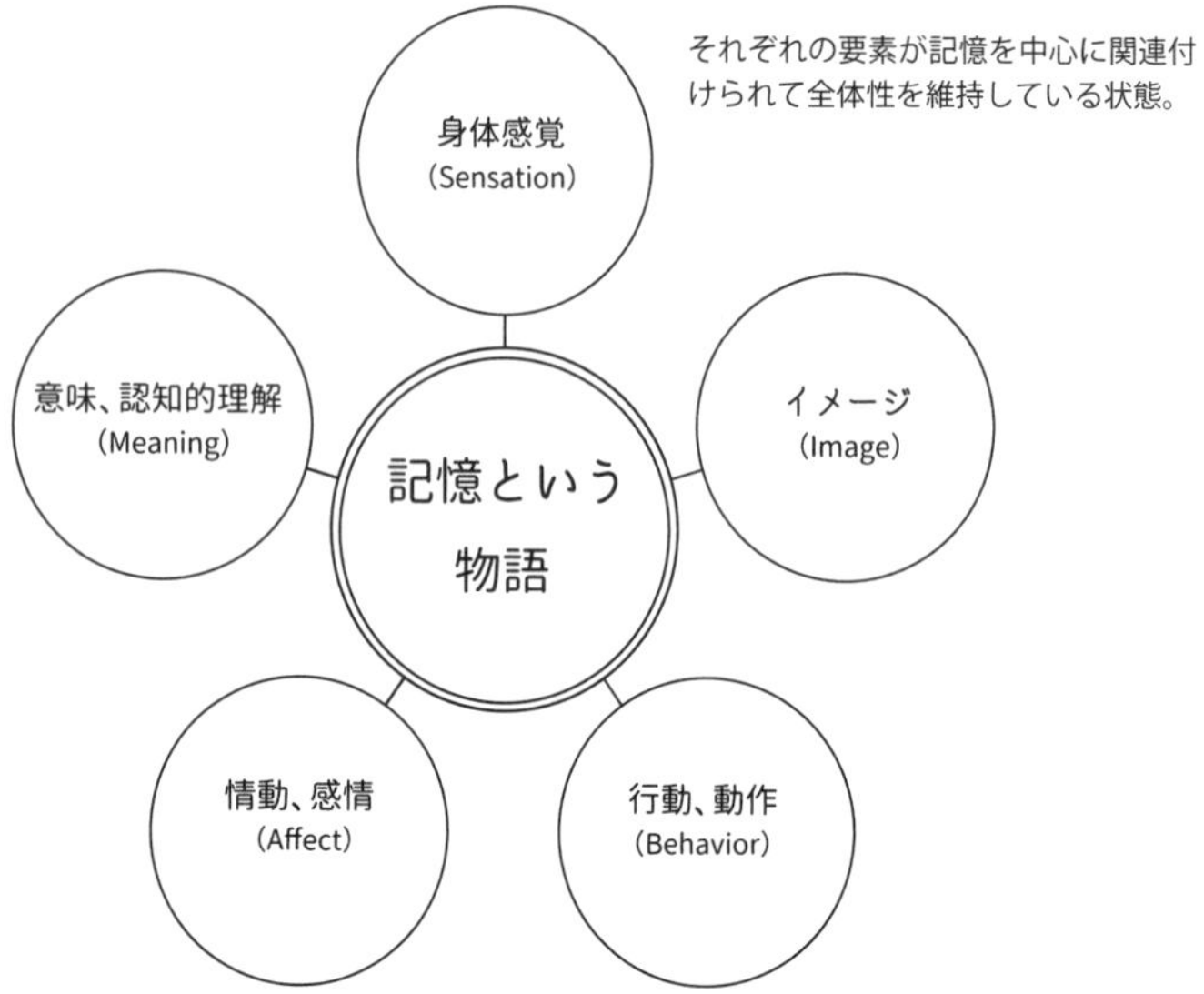

それぞれの要素が記憶を中心に関連付けられて全体性を維持している状態。

③Behavior（行動、動作）

体験のときにふるまった行動。歩く、走る、座る、顔を歪める、手を叩く、姿勢が前屈みになるなど。

④Affect（情動、感情）

体験の瞬間に感じた感情。恐怖、不安、怒り、喜び、安心感など。

⑤Meaning（意味、認知的理解）

体験に対する解釈や意味付け。

次に、SIBAMをもとに、ある一つの出来事を解説してみます。

外部からの刺激により、特定の記憶が蘇り、ある要素だけが活性化（オーバーカップリング）を起こしているトラウマ状態。

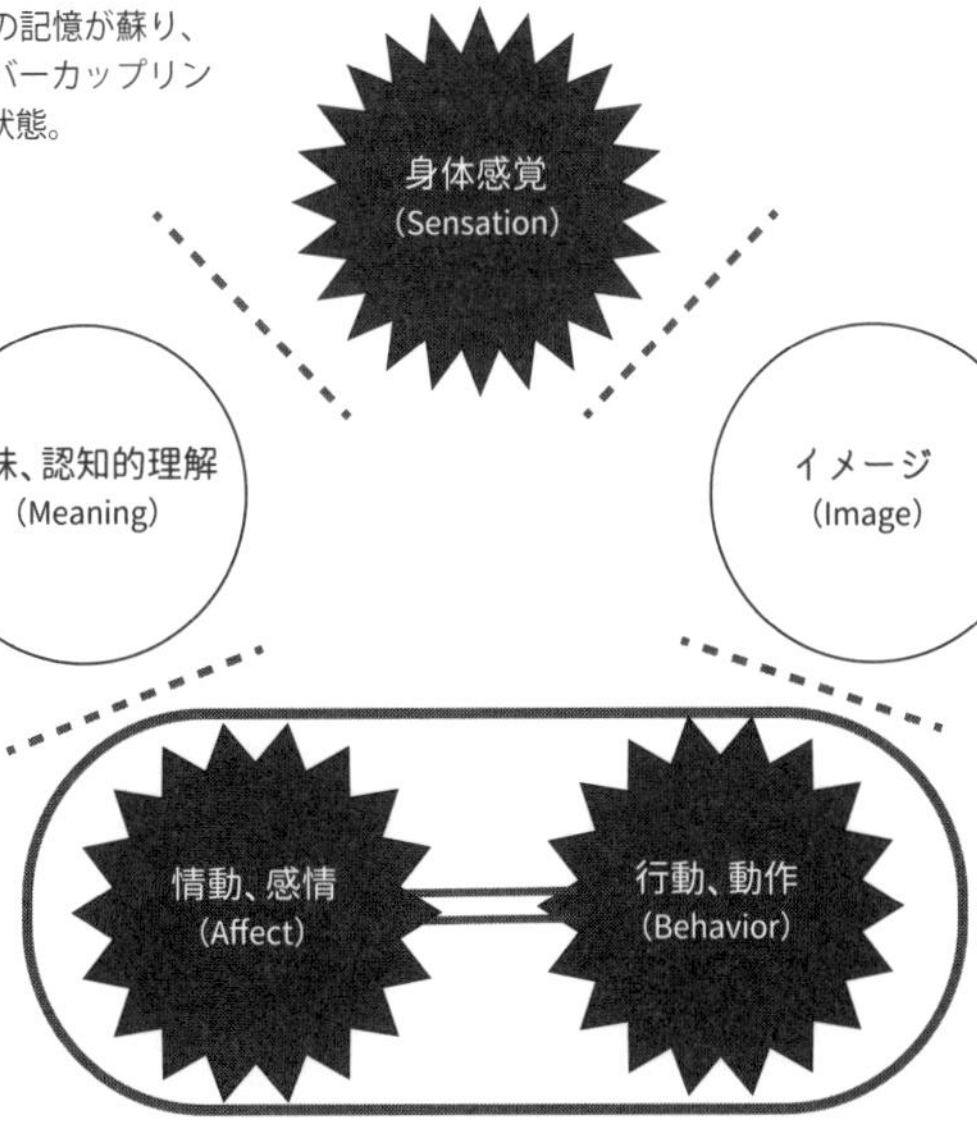

SIBAM理論を用いたセラピーにより解決した状態。活性化した一部の要素への偏りを解消し、それぞれの要素が適切に記憶と結びつきバランスが取れた状態。

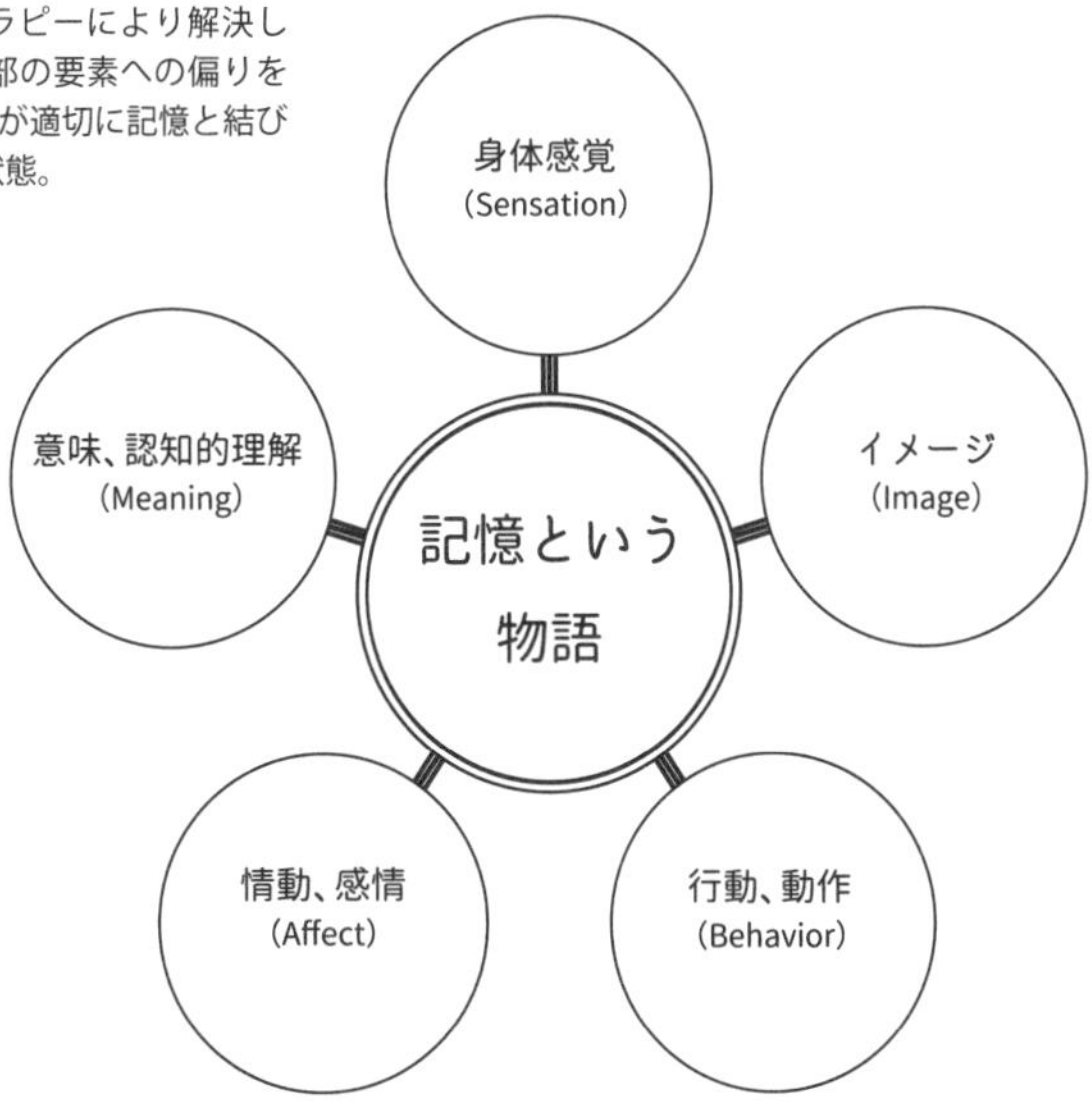

例：幼い頃に兄と一緒にプールで遊んでいるときに、たった一度であるが、ふざけた兄によってプールの水に顔を沈められた。

4 Affect（感情）

プールに顔を沈められて、「死ぬかもしれない」という恐怖感。

5 Meaning（意味）

理不尽な扱いをされた自分は「兄より下の身分であり、無力であり、弱者である」という意味付け。

兄によって無理やりプールに顔を沈められたという体験が本人にとって耐えられないストレスの場合、ある要素とある要素が強く結びついてしまったり、あるいは要素同士の結びつきが弱くなったりして、出来事が適切に関連付けられなくなります。

1 Sensation（感覚）

顔を水の中に沈められたときの水の感覚の記憶。バシャバシャという水の音。冷たい水が皮膚に当たる感覚。

2 Image（イメージ）

頭が真っ白になるイメージ。

3 Behavior（行動）

息を吸おうとして顔を上げようとした。兄の行動を止めようとして、無我夢中で兄の腕を掴んだ。

強固な結びつきと弱い結びつき

トラウマではない一般的な出来事を体験するときには、その瞬間の感覚や感情、行動、意味が自然とつながります。ところがその出来事がトラウマになるほどにストレス度が高いと、からだがそれを処理しきれなくなります。一部の要素を過剰に受け止めすぎてしまったり、あるいは受け止められなくなったりしてしまいます。SIBAMでは、要素の結びつきが強すぎることを「オーバーカップリング」、弱すぎることを「アンダーカップリング」と呼び、その人の状態がどちらであるかを判断していきます。

・オーバーカップリングを起こしている例

オーバーカップリングは、SIBAMの過剰な結びつきのために、些細な刺激であっても反応が強くなります。オーバカップリングにはさまざまなパターンがあります。

先ほどの例でオーバーカップリングを起こしているのであれば、水に顔がつく感覚（S：感覚）が恐怖（A：感情）と強固に結びつき、顔を洗うことが恐怖になるかもしれません。それゆえ、顔が洗えない、入浴ができないなどの困りごとが生じる可能性があります。

ひきこもりのクライエントで多いのは、親の暴言や過剰なダメ出しによって、厳しい叱責が内在化されることです。「自分が行動すると必ず叱られる。そんな自分はダメである」という恐怖が内在化しているため、例えば同級生が自分に視線を向けただけで、内在化された自己否定が発動し、同級生に否定されたように感じて恐怖を覚えます。この場合、他者の視線（S：感覚）と恐怖（A：感情）と自己否定（M：意味）がオーバーカップリングしています。

投影物語り法でオーバーカップリングを見分けるときには、感情の強度を見ることが多いです。クライエントの話を聞いていて、ある状況でクライエントの感情が強すぎると推測された場合は、オーバーカップリングを疑います。

・アンダーカップリングを起こしている例

アンダーカップリングのときはＳＩＢＡＭの結びつきが弱く、あるいは断片化されていて結びついておらず、受けたトラウマの手続き記憶に相当する部分が記憶に上がらない状態になります。先の例では、兄とプールに入ったときの出来事の要素がバラバラになって遊離しているような感じです。アンダーカップリングのときは、クライエントがトラウマになった出来事を話しても圧倒的に気持ちが結びつかないことが多いです。当時のことを話していただいても自分の気持ちにはまったく触れず、他人事のように淡々と出来事を語ります。

投影物語り法でアンダーカップリングを疑うときは、セラピストの体感が大事です。クライエントの話を傾聴していて、気持ち的なものが全く伝わってこない、または、変な緊張感はあるが淡々としている雰囲気、あるいは自分自身（セラピスト）の頭がぼーっとしてきて、場合によっては眠くなるというときは、アンダーカップリングを推測します。クライエントが乖離している心身の状態を聞き手（セラピスト）が心とからだで感じ取っていると私は理解します。

・人はみんな、トラウマを抱えて生きている

さて、先ほどトラウマは自律神経の調整不全であり、どんな人も大なり小なりトラウマは持っていると書きました。人はある意味、ずっとトラウマを抱えて生きていくと言えるかもしれません。

トラウマを持ちながらも社会に適応してやっていけることもあるでしょう。「辛い部分は確かにあったけれど、その自分で生きる」と決定するのはクライエント自身の選択です。トラウマによる不自由さを自分である程度マネジメントできるのであれば、そのままにしておいても良いと思います。本来の自分とは少し離れたところに仮面をつくって、その仮面を被って社会生活を送っても、それはクライエントが決めることです。

ただ、そうしてトラウマを抱えたままでいると、自分の意識が分離して、「本来の自分」と「仮面を被った自分」によって、心が二つに引き裂かれます。トラウマがあると心の不自由さを生むので、それが苦しすぎると感じる場合、あるいは社会生活が困難になる場合は、トラウマからくる生きづらさは解消したほうが良いと思っています。

投影物語り法は、深刻にトラウマや心の傷に向き合うのではなく、遊び感覚で、気楽に取り組めるセラピーです。この技法は、プロのセラピストだけでなく、医療職、介護職、教育などさまざまなところで使えるものです。自分の中のちょっとした違和感をそのままにせず、遊び感覚で解消していけるところにこのメソッドの魅力があると思っています。

第4章

投影物語り法の手順

第4章では、投影物語り法の手順を詳しく紹介していきます。第2、3章で記したセラピーの注意事項も取り入れて実践してください。

ステップ1〜9までで最大1時間〜1時間半ぐらいの時間をかけます。時間は厳密ではなく、物語りづくりに慣れてきたらもう少し短く行うこともできるでしょう。

セッション時間が短くなってしまう場合でも、ステップ6の「反対の極の物語」をつくるところまでは行ってください。

ステップ1

物語の話し手（クライエント）と聞き手（セラピスト）役を決める

投影物語り法は心理療法であるため、基本的にはセラピストと一緒に行っていきます。

何回も物語をつくって、つくり方に慣れてきたら自分一人でもできますが、サポートをしてくれる人が一緒にいたほうが好ましいです。自分だけで行うと、自分の考えや価値観の枠組みから抜けづらく、効果が出にくいです。悩みが深かったり、長く悩んできた事柄であればある

投影物語り法の手順

ステップ1	物語の話し手(クライエント)と聞き手(セラピスト)役を決める
ステップ2	話し手は、今自分が抱えている困りごとや問題(ターゲット)を1つ決める
ステップ3	「自分と同じ困りごと」を持っている主人公をイメージして、①年齢、②性別、③ニックネーム、④どのような性格をしているかなどを決める
ステップ4	主人公を自分が座っている椅子の左斜め前、または、右斜め前に座らせる
ステップ5	「その困りごとや問題を持ってしまっても当然である」という主人公の人生のストーリーを話し手がイメージして語り、聞き手はそれを聞く。話し手がストーリーづくりに行き詰まったら、聞き手は質問やアドバイスなどをして、話し手がストーリーをつくるサポートを行う
ステップ6	5を話し終わったら、今度は、主人公がその困りごとや問題から、異なる安心感や肯定感を得られる後半のストーリー(「反対の極の物語」)を話し手が語る。5と同様に、話し手がストーリーづくりに難航したら、聞き手がサポートを行う
ステップ7	ひととおりストーリーをつくり終わったら、主人公が感じた安心感や肯定感を、話し手もしっかりとからだで味わう
ステップ8	話し手と聞き手はお話を終了して、現実の世界に戻り、この物語づくりによって得た気づきなどについて話し合う
ステップ9	後日、話し手は、「反対の極のストーリー」によって感じた安心感、肯定感を、思い出したときにからだで味わってみる

ほど、その傾向がいっそう傾向が強まります。これについては他の心理療法も同様です。

とくに臨床心理士や公認心理師などのプロが聞き手（セラピスト）役をして伴走してくれると、話し手は悩みごとや問題の行き詰まりを超えるヒントやリソースを得られやすいです。

投影物語り法の対象と条件、プライバシーについて

投影物語り法を行える対象範囲は広く、言葉が話せる一般的な知能をもつ大人であれば問題ありません。投影物語り法を使えない人は、多重人格でコロコロと主体が変わってしまう方、認知症やアルツハイマーで、物語をつくるそばから話を忘れてしまう方。こういった人に対しては投影物語り法は使わないでください。基本的には、物語をつくれる自我がしっかりしていれば、小学生にも行えます。

聞き手の条件も、「一般的な大人」であるくらいで、とくに決まった条件はありません。あえて条件を出すなら、話し手（クライエント）を変えたい、導きたいという意図が強くない人のほうがいいです。

ただし、子どもが話し手である場合は、児童専門のカウンセラーやスクールカウンセラーが

聞き手であるほうが安全です。最近の学校では、精神的に不安定な子が保健室に来て休むということも多いので、そのような子どもの扱いに慣れた養護教諭が、プレイセラピーのような感覚で「投影物語り法」を使っても良いでしょう。

そして、セッションをするときには、プライバシーが確保できた、静かでリラックスできる場所で行います。当然ですが、カフェやホテルのラウンジなど、誰かに話を聞かれる可能性がある場所は避けてください。聞き手と話し手以外の人はいないほうがいいです。お子さんが物語をつくる場合でも、ご両親や養育者の同席は避けたほうがいいでしょう。

プライバシーと静けさが担保できれば、オンラインでセッションを行っても問題ありません。

またプライバシーに関しては、クライエントの個人情報や物語の詳細や気づき、投影物語り法のワークを通して入手した情報の一切を、クライエントの許可なく誰かに渡すのは厳禁です。誰かに話すこともSNSやブログに公開することも、一切してはなりません。クライエントが子どもの場合であっても同じです。

例えば、小学校の先生が、担当するクラスの不登校ぎみの生徒に投影物語り法を実践したとします。物語を通してその生徒の気持ちを知って、「この子の気持ちを親御さんに伝えてあげたら、家庭内の問題も良くなるかもしれない」と思ったとしても、本人の許可なくそれを開示することは悪影響を引き起こす場合もあります。その子が「誰にも言ってほしくない」というときには言ってはならない。これは投影物語り法に限らず、どんなセラピーであっても守秘義務は守るべきものです。

私の場合は、セラピーという枠組みの中で投影物語り法を使うので、セラピーの前に守秘義務についてクライエントとやりとりをしています。「必ずプライバシーを守ります」と口頭で確認をとってもいいですし、書面で確認してもいいでしょう。

ステップ２

話し手は、今自分が抱えている困りごとや問題（ターゲット）を一つ決める

話し手と聞き手を決めたらセッションをスタートします。まずはこのセッションで取り上げたい困りごと（ターゲット）を一つ決めます。

どんな人にも困りごとはあると思いますが、投影物語り法で取り上げるのは、「自分で変えたいと思っているけれども、自分ではコントロールできないどうにもできない悩み」が候補となり

ます。

例えば、

・家の戸締まりを何度も確認してしまう、ものを捨てられないなど、変えようと思っても変えられないクセ、習慣。

・「私は必ず人に嫌われる」「一度就職したら定年まで転職、退職してはいけない」など、自分自身を強迫的に縛って自由が利かないと感じる思い込みや観念。

がターゲットになります。また、

・ある状況になると不自然なほど現実離れしたネガティブな気持ちもしくは誇大妄想にとらわれる。

頭では「こうしよう」と思っているのに、実際にはできないこと、変えられない、といったこともポイントです。話し手が悩みを決めている場合はそれで良いですが、話し手がターゲットの設定に悩むようであれば、聞き手であるセラピストはヒアリングをしてサポートしていきましょう。

ここでターゲット設定をある程度深掘りして行うと、物語がつくりやすくなり、セラピーの効果も高くなるので、困っている状況をなるべく明らかにして、困りごとを具体的に落とし込んでいきます。

困りごとを具体的に落とし込むには、「クライエントが困っているそのときに、クライエント自身にどんなことが起こっているのか」を明らかにすることがポイントです。**①困りごとが起こっているときにどんな「身体感覚」になるか、②どんな「気持ち」「感情」になるか、③どんな考え方（認知）をしているか**、の3つを確認します。

例えば、「普段は普通に人と会話できるけれど、仕事のプレゼンテーションとなると緊張してうまく話せなくなる」といった悩みは、問題がまだ抽象的すぎる印象です。プレゼンで緊張する場合も、例えばからだが訳もわからずに緊張する人もいれば、冷や汗をかく人もいます。困りごとが同じでもその状況は人によって異なります。このように、もう少し具体化してターゲットにすると良いでしょう。

「プレゼン前になると絶対自分は必ず失敗する」という考えが頭の中をぐるぐる回ってしまう人であればそれをターゲットにすればいいし、「『こんなプレゼンくだらない』と罵声を浴びせられる」という怯えが出てくるのであれば、それをターゲットにしてもいいわけです。

また、人間関係に対して「許せない」と思ったときに、それが特定の人なのか、特定の人だったとしても、どの部分が許せないと思うのか。女性は許せるけれど、男性だと許せないと思うのか。また年配の人にだけ怒りを感じるのか。そのあたりを深堀りすることでより具体化できます。

ただし、悩みを深堀りしていく過程ではさじ加減が必要になります。深堀りしすぎるとトラウマとなる部分に触れてしまい、シャットダウンと乖離が起こる可能性があるからです。ターゲットの設定は話し手の反応を見ながら決めてください。

自分の気持ちをうまく言語化できない子どもに対しては、深堀りができないときもあります。そんなときは遊びの延長線として行うのが良いでしょう。子どもと雑談をしながら、「君はそういうことに悩んでいるんだね。じゃあ、その悩みごとを物語にしてみようか」などと誘導していくと、子どもは素直に物語をつくり始めてくれます。

さて、ここからは実際の例を出して解説していきます。

あるとき、40代前半の女性クライエントがセラピーにやってきました。

彼女の悩みは、会議で自分の意見を求められると頭が真っ白になってしまい発言できなくなるというものでした。

彼女は明るく華やかな雰囲気をもつ女性でしたが、それは躁的防衛によるものでもあるようでした。つまりたくさんお喋りすることで無意識に大事な話を避けている、そのような印象を受けるのです。彼女は会議で「○○さん、意見はありますか?」と聞かれると、とたんに相手の言葉が耳に入ってこなくなり、何のことを言っているかわからなくなり、「意見はありません!」と反射的に明るく返してしまうと私に打ち明けてくれました。

これまではそうやって会議を乗り切ってきたのですが、次の会議では自分が中心になって行わなければならず、意見を求められる立場になることになりました。

彼女とのセラピーでは、ターゲットを設定するために、「会議で意見を求められると頭が真っ白になって意見を言えなくなること」の深掘りを行いました。「頭で考えてもどうしてそうなってしまうのか原因は思い当たらない」と彼女が言うので、会議のときの状態を再現してもらいました。

するとそのとき、彼女が意見を聞かれても聞こえないふりをしているのがわかりました。ですので、「なぜ聞こえないふりをするのですか」と質問すると、「意見を求められるのは災いだから、だから聞こえないふりをしている」と彼女が答えたのです。

「意見を求められるのは災いである」というのは明らかにおかしい認知です。また、質問をされるとそれが耳に入らなくなるのは、軽い乖離の身体症状です。認知と身体症状に何かが起こっているのが、ヒアリングをして明らかになりました。そして「これ以上はわからない」とクライエントがおっしゃるので、さらに深掘りすることはやめて、ターゲット設定は終わりにしました。

ステップ３

「自分と同じ困りごと」を持っている主人公をイメージして、①年齢、②性別、③ニックネーム、④どのような性格をしているかなどを決める

投影物語り法で扱う困りごと（ターゲット）を設定したら、次に、「同じ悩みをもつ他人」を物語の主人公として設定します。

話し手は、「同じ悩みを持つのにいちばんぴったりくる人、ふさわしい人」を思い浮かべて、その人の基本的な部分――年齢や性別などを決めていきます。そして、その人にニックネームをつけてあげましょう。可能であれば、愛情を込めて。

このキャラクター設定のコツは、「自分」という意識を取り除くことです。**自分と同じ症状に**

苦しんでいる「他人の物語」をつくることが重要です。自分と同じ困りごとや症状で苦しんでいるけれど、自分ではなく、「他人だとしたら……」という視点をもつのです。

実際の臨床では、古代の人物や外国人、宇宙人など、さまざまな人物が出てきます。いちばん面白かったのは、ギリシャ神話の神様。その神様は何かの罰で、石を山の上まで運んで何かの建物を造らなければならないけれど、その建物が完成すると、上位の神様が建物を壊してまた最初から積み上げなければいけなくなるという物語でした。

このように、主人公はどんなキャラクターでも構いません。できれば動物などではなく、「人」であるほうがベターですが、主人公を設定するときにも「ピンとくる感覚」が重要です。結果的に自分に似た人が出てきてしまったらそれはそれで構いません。自分に似た人物像が出てきたときは、自分の過去を振り返る準備がある程度できていると捉えて、そのままセラピーを進めていきます。この「自分の困りごとにふさわしい人物像をつくる」という行為は、それ自体が自分の困りごとを自分自身で受容することにつながります。

キャラクターの時代設定やどんな服を着ているかといったディティールの細かさは、クライエントによって個人差があります。クライエントがピンとくるキャラクターがイメージできると、体型や服装、家族構成までキャラクター像を詳細に話してくれたりもしますが、それほど具体的に話せない人もいます。キャラクターを細かく描写できるかどうかはそれほど重要ではありません。

さて、「人から何か質問されるのは災いだ」と答えていたクライエントの主人公として出てきたのは、小学校2、3年生くらいの女の子でした。クライエントはその子を**「うじうじちゃん」**と名付けました。

「うじうじちゃん」という名前をなぜ付けたのかとクライエントにたずねると、彼女は「うじうじちゃんは、『自分は悪いことしているから誰も自分の言うことを信用してくれない』と思ってうじうじしている」と答えました。うじうじちゃんは何か悪いことをしていて罪悪感を持っているという情報が出てきたわけです。現れたキャラクターにニックネームをつけてあげることは非常に重要です。名付けにはさまざまなメリットがあります。

これまでの事例では、ニックネームに母親の名前を出してくる方もいらっしゃいました。母親の名前がぱっと出てくるということは、クライエントの問題に母親との関係や母親自身のトラウマが潜んでいる可能性があるということです。つまり、クライエントにお母さんのトラウマが世代間伝達で伝わっているかもしれないわけです。そして名付けをした瞬間に、クライエントが「お母さんの物語なんだ」と気づくことができます。

ですから聞き手は、「愛情を込めてニックネームをつけてあげましょう」とクライエントに提案してみてください。

ステップ4

主人公を自分の左斜め前、または、右斜め前に座らせる

物語の主人公が決まったら、主人公を自分（クライエント）の左前か、右前に座らせてあげます。話し手（クライエント）が居て、その正面に聞き手（セラピスト）が居て、左斜め前か右斜め前に主人公が居る構図です。

こうするとクライエントとセラピストの2者関係から、クライエント、もう一人の自分（物語の主人公）、セラピストの3者関係に移行されます。セラピストはオブザーバーという立場に変わり、その場を見守る役目になります。これはゲシュタルト療法の「エンプティチェア」（空の椅子）という手法を使っています。

エンプティチェアの例

直接の場合

通常はクライエントとセラピストの二人で行うが、投影物語り法では、物語の主人公が座る空の椅子（エンプティチェア）を、クライエントの左前か右前に置く。こうすることでクライエントとセラピストの２者の関係から、クライエント、物語の主人公、セラピストの３者の関係になる。

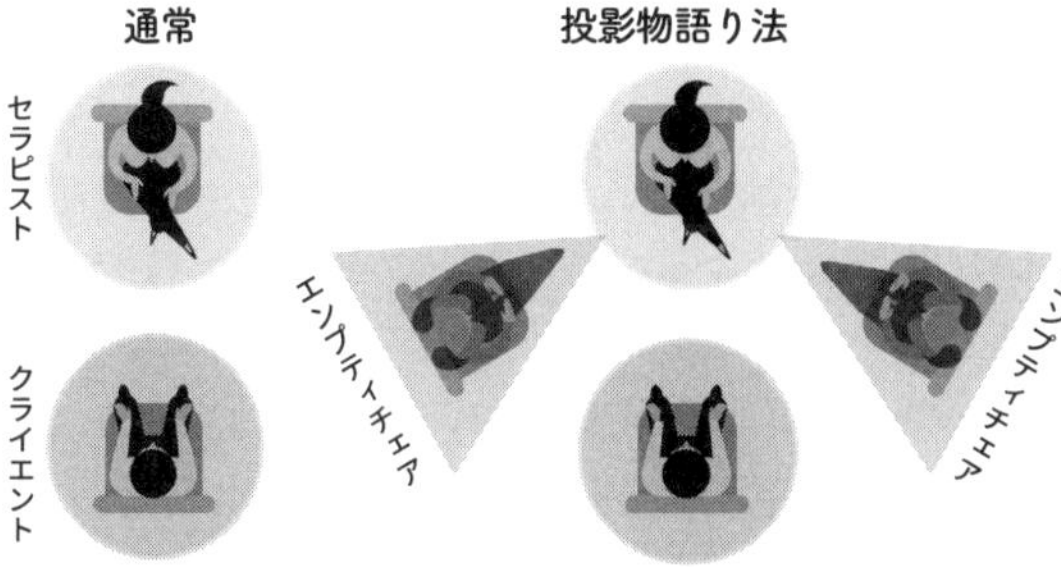

ネットによる遠隔の場合

ネットを使ったモニター越しで行う場合は、クライエントの右か左隣にエンプティチェアを置き、そこに物語の主人公を座らせて行う。

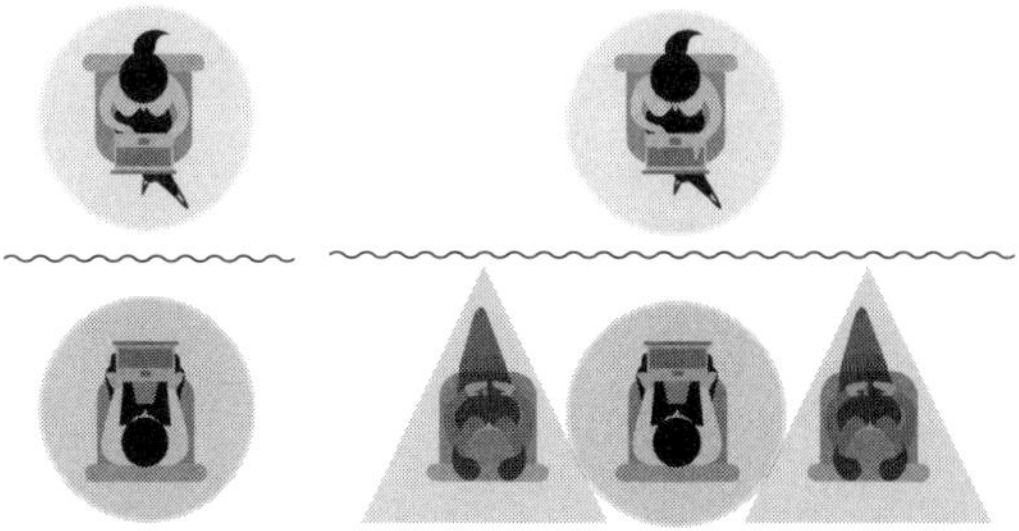

エンプティチェアは、自己対話のテクニックです。方法としては、自分の前に空の椅子を置き、そこに「自分が伝えたいことがある誰か」をイメージして座らせます。そして、椅子に座らせた架空の誰かと対話をすることで、自分が本当はどう思っていたのかに気づいていきます。自分の気持ちがわからない、誰かに伝えたいことがあるけれど言えずにモヤモヤしている、対象人物との関係性を改善したいときなどに活用できるテクニックです。エンプティチェアで自分の気持ちを吐き出すだけでも癒しになり、悩みが解消していくこともあります。

ステップ5

「その困りごとや問題を持ってしまっても当然である」という主人公の人生のストーリーを話し手がイメージして語り、聞き手はそれを聞く

ここからは肝心の物語をつくっていきます。最初につくるのは、主人公が問題や困りごとを抱えるに至ったストーリーです。

どんな人も赤ちゃんのときは強迫性の症状もトラウマも持っていません。しかし、人生のどこかで何らかの出来事が起こった結果、考え方の歪みや恐怖による身体症状などを持ち、それらが場合によってはこじれ、ねじれてしまっているわけです。

そこで聞き手（セラピスト）は、話し手（クライエント）に、「○○さん（主人公）が問題や困りごとを持つようになってしまっても当然と思えるような枠組みで物語をつくってください」と伝えましょう。そうすると、ほとんどのクライエントは話し始めてくれます。

例えば、うじうじちゃんのケースでは、「他者から意見を求められるのは災いだ」という考えを持つに至ったのですが、それに対して話し手が語った物語は、「うじうじちゃんは陰で悪いこ

とをしているのだけれど、誰にもそれを言わずにいる。まだ悪事はバレていないけれど、自分は悪い人だから自分が何か言っても信用されないだろうと思っている」というものでした。

この話を聞くと、クライエントが人から何か意見を聞かれるのが災いだと思っていた理由がうっすらと理解できるようになっていきます。悪いことをしている人は心の奥底ではビクビクしているから、誰かから意見を求められると、あまり居心地が良くないだろうということがわかるわけです。

この最初のストーリーは、主人公（クライエント）の心が傷つくに至った内容なので、クライエントが流暢にストーリーを語れないときもあります。自分にとって抵抗のあるところは無意識に避けて、スーッと行きがちになる傾向が見受けられます。

物語を使って意識を乖離させずにトラウマの核心に触れていくためには、安心感や許される感覚が必要です。ですから、最初のストーリーは話せる範囲で語ってもらえればよしとしてください。肝心な部分は、次のステップである肯定的な物語をつくるときに出てくることが多いので、トラウマをもつに至った理由を深追いしなくて大丈夫です。

投影物語り法で話を聞くコツは、クライエントに対して無条件の愛を注ぐことに尽きます。その話が良い悪いという判断はせず、どんな物語が出てきても、「よく出てきてくれたね」といった姿勢で受け止め、興味と好奇心を持ってあげることが重要です。

ステップ6

主人公がその困りごとや問題から、異なる安心感や肯定感を得られる後半のストーリー（「反対の極の物語」）を話し手が語る

次に、「反対の極の物語」をつくります。クライエントの多くはトラウマを受けたときに誰からも適切なケアを受けられず、肯定的な体験が不足しています。ここで反対の極となる「肯定的な体験」を物語の上で味わえると、クライエントが持つ枠組みが広がり、物事に対する柔軟性が出てきます。

反対の極となる肯定的な物語とは、物語の主人公が誰かに助けてもらえたり、ケアされたり、許されたりするストーリーです。ストーリーづくりを通してクライエントにポジティブな感情を持ってもらうために、できるだけ話を具体的にしていきましょう。

聞き手（セラピスト）は話し手（クライエント）に「そうなったら（肯定的な体験をしたら）ど

んな気持ちになりますか?」「どんな身体感覚を感じますか?」という質問をしてあげて、物語をできるだけ具体的に、厚くしていってみてください。どうしたら辛い思いをしたキャラクターが楽な気持ちになるか、肯定的な気持ちになるかに重点を置いて物語をつくっていきます。

トラウマ時には起こらなかった肯定的な要素が起こるとしたらどうなるか。それを主人公に体験させてあげるようなイメージです。

話し手にとっては、反対の極の物語をつくる行為は自分の枠組みの限界を超えなければならず、ときに物語が進みにくいこともあります。そんなときは聞き手の出番です。「こんな風によくなる可能性もあるのではないでしょうか」と助言をしたり、「しょせん架空の物語だから、いくらでも話をでっち上げてもいいんですよ」と励ましてあげたりなどのサポートをしてください。

肯定的な出来事は、とても些細なことで構いません。「お店の店員さんが声をかけてくれた」などでもいいでしょう。小さなところからスタートしていくうちに、遠回りであってもだんだんとお話が進んでいき、話に方向性が出てきます。劇的にポジティブな出来事が起こることがクライエントにとってハードルが高い場合もありますから、聞き手が柔軟に対応して、紆余曲折を経ながら、少しずつ「反対の極の物語」に向かっていくといいでしょう。

ここでひとつ注意点として、「幸せな物語」をつくればいいというものではないこともお伝えしておきます。投影物語り法では、「幸せ」ではなく、「反対の極」を体験することが重要であるということです。例えば、前半が「一人ぼっちの物語」だとすると、後半は「幸せになる物語」ではありません。反対の極は「一人ぼっちではない物語」になります。「幸せ」という言葉自体が、クライエントへのプレッシャーになったり、社会的、物質的に限られた範囲での「出来合いの幸せ」と捉えてしまったりする危険もあり得るので、使う言葉には気をつけましょう。

うじうじちゃんの反対の極の物語では、「親に優しくされないから自分に優しくなれない」という気持ちが出てきました。そのために自暴自棄になって悪いことをたくさんしていた。心の底ではびくびくしていて、いつも警察や親の目を気にしていたので、結局、一人ぼっちの気分になっていた、と。

あるとき、うじうじちゃんだけが教室にいるときに、教室にあった集金袋がなくなってしまい、うじうじちゃんは担任の先生に犯人だと疑いをかけられてしまいました。うじうじちゃん

そのとき、保健の先生が……
その保健の先生はどんな表情でしたか？

「反対の極の物語」は、必ずしも幸せで良い物語である必要はない。セラピストはこのことを念頭に置き、クライエントが物語をつくる上でイメージしやすいようにサポートしていく。

は担任の先生が嫌いで一言も喋らずにいたら、他の先生がうじうじちゃんを保健室に連れていきました。保健の先生はうじうじちゃんに優しく接してくれて、うじうじちゃんの瞳から涙があふれ出しました。うじうじちゃんは保健の先生に自分のことを打ち明けて……。このようにストーリーが進んでいきました。

そしてクライエントは、「実はうじうじちゃんはものを盗んでるんです」とも告白しました。お店や自分の家のお金を盗ったりしていると。さらに「家の車に火をつけた」とも言いました。このようなシリアスな話は、反対の極の物語をつくる段階になってから、ようやく出てきたりします。大事なことは最初の物語では出てこない。反対の極の物語で、誰かがキャラクターをケアしてあげて、無事に許してもらえるという話になり、話し手の人も安心して隠していたところを肉付けできるようになったのです。

不思議なことに、やはり何かが心を「クリック」すると物語がスルスルと出てきます。ですので、聞き手のほうは、物語がまるで映画のようにイメージで感じられればそのまま聞いていればいいです。聞き手が物語を聞いていて、二人で一緒に物語を感じて楽しめるような感覚でいると、自然と続きのストーリーが出てきます。

物語のイメージがはっきりしないときには、「そのとき保健の先生はどんな表情だったんでしょうね」などと質問をして、物語を肉付けしていくサポートをします。肯定感や安心感を得られる大事な場面だと思ったら、ゆっくり物語をつくってもらいます。聞き手はできるだけ聞くことに徹して、「肉付けしたほうがいいところ」だけ促してあげるのがいいです。適切にクリックすると、隅に追いやられていたクライエントのエネルギーが勢いよく回り出しますが、それを無理やり起こそうとするのは逆効果です。反対の極の物語に向かうための突破口は必ずあって、話し手（クライエント）の自己回復力を聞き手が信じていられると、足踏みするような場面でも一緒に頑張れます。

そして、気持ちの深い部分に触れて、癒されていくような物語になっていくと、聞き手の心も動いて、二人の間を流れる空気感が変わっていきます。緊張感がなくなり、あたたかいものが話し手と聞き手の間に流れているときは、「反対の極の物語」がちゃんとできた証拠です。短いストーリーであっても、気持ちがこもっていると心は動きます。プロの作家がつくった物語で読者が感動して泣いたりするのも同じでしょう。

物語の終わりは厳密には決まっていません。「よかったよかった」という雰囲気になったら、物語を締めくくりましょう。

ステップ7〜9

主人公が感じた安心感や肯定感を、話し手も味わい、振り返りを行う

物語をつくり終わったら、「反対の極の肯定的な物語」の主人公の感覚を、クライエントに体感していただきます。数分間時間をとって、誰かにケアされて安心した体感、自分を肯定的に感じられた体感をしっかり身体で味わいます。

安心感を得られたら、物語を終了して現実の世界に戻り、セラピーの振り返りを行います。

話し手の方に、物語によって得た気づきや、今後の人生にどう活かせそうか話してもらいましょう。

うじうじちゃんのケースでは、クライエントも思春期に万引きをしていたことを話してくださいました。当時、クライエントの母親が精神的に問題があり、生理用品を買ってもらえず、仕方なくドラッグストアで生理用品を盗んでいたそうです。振り返りを行うと、物語とクライエントの問題との関連性が見えてくることが多いです。このクライエントの場合は数回物語をつくると、「意見を求められると頭が真っ白になる」という現象が消えていきました。

物語づくりによって得た安心感や肯定感は、クライエントにとっての治療薬になります。その後の日々でも、時々その感覚を思い出していただくと、回復の助けになるでしょう。

第5章

投影物語り法デモセッション

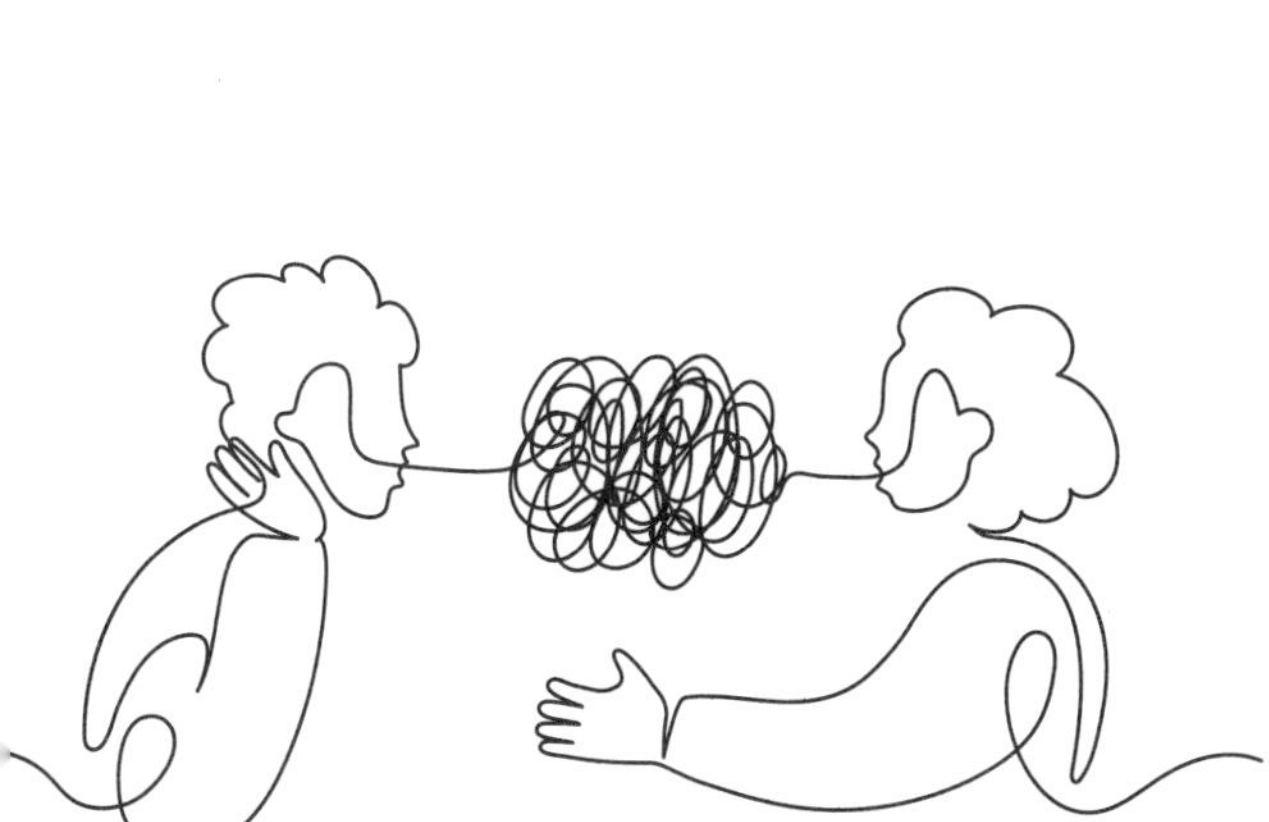

※参加者
江夏 亮（聞き手・セラピスト）
クライエントAさん（話し手・70代　女性）
※講座の受講生10数名

このデモセッションは、投影物語り法の講座の中での実際のセッションを書き起こしてまとめたものです。プライバシー保護のために、名前や個人情報を一部変更しています。

悩みを聞く、ターゲット設定、主人公を決める

江夏　それでは投影物語り法を行っていきましょう。投影物語り法では「自分でどうしてこうなるのかわからない」ということをテーマにしていきます。「自分の成育歴を洗い出しても、なぜ自分がこのような問題を抱えているかさっぱり理由がわからない、自分で何とか問題を解決したいんだけどどうにもできない」といったことです。例えば、「片付けたいと思うのに、なぜか片付けられない」などは良い例です。戸締まりの過剰確認などの強迫性障害のようなケース

でも構いません。また、自分で止められない依存症のようなものでもＯＫです。

ポイント：まずセラピスト（聞き手）は、投影物語り法で扱えるターゲット（課題）とはどのようなものかをクライエント（話し手）に説明する。

Aさん　よろしくお願いします。私は長年、フリースクールで子どもの支援をやっていて、１年半くらい前から教育関係の団体を立ち上げて仕事を始めたんです。今までは個人で活動していたところを、教育関係のコンサルタントのＢさんと一緒に組むようになりまして。ところが、Ｂさんはコンサルの手法でやっていかれようとするんですね。例えば、目的や展望を明確にして、スリーステップで教育の指導をするんです。「３回の面談のうち、１回目はこの目的で、ここまでヒアリングする」とか。

でも、私はそういうのを持たずにやってきたんですよ。「とにかく親御さんとお子さんに十分に話を聞かないとわからへんやん」と（笑）。なのでその手法がすごく意外で。その方はすごく論理的で、説明がうまいんです。どう言ったらいいんだろう……。

ポイント：クライエントの困りごとをしばらくじっくり傾聴する。ここは通常のカウンセリングと同じ。

江夏　うん。

Aさん　〝いやあ、きちっきちっと決めていったら、そこでとりこぼすものがいっぱいあると思うんやけどなあ〟と思いながら。でも、私はうまく説明できないんですよね。そういう思考の仕方をしてない、普段から。それと一応、団体として立ち上げたので、他にもスタッフの人がいたりして。組織として動いていかないとあかんけどなかなか。私自身が会社勤めをしたことがないし、その辺でも齟齬を感じることがあって。だんだん……なんか言われることに対して、すごくカーッとなってムキになる自分が出てきてるんですよ。

それまではね、私、あんまり人に対してカーッとなったり〝それイカンやろー〟っていう気持ちになることとなかったんですけど。Bさんとやりとりする中で、なんかすっごい腹立ってしょうがない。その気持ちはどっから来るんかなって。なんでこんなにむきになる気持ちになるんやろうとか。

いちばんには、きちっと展望決めて段階、目的をはっきりさせて、みたいなところになると、危機感を感じるんですね。「それってその子どもに合ってるんやろか」とか。「そういう見方をしていったら、本人が置き去りになるんやないのかなあ」とか。逆に「どんな教育の指導をしてるんだ」とか質問されても、あんまり頭良くないんで、そんなに整理して説明ができないというか。なんか腹立つなとか（笑）。

けっこうBさんの言葉で自分を否定されてるように感じてるんだなあっていうことに気がついていています。「あなたがちゃんとできてないんじゃない」って言われてるような気がしている自分がいます。教育の仕事を始めてからの年数からすると、私のほうがすごく長いんですけれども、そこら辺の変なプライドがあるのかなあとか。

それと団体を立ち上げて、代表を私がしてるので、他からクレームが来るとか、組織の中で問題が生じるとかそういうことがあったら、最終的な責任は私に来るんです。いろいろ言うてくれるのはいいんやけど、「ほんとにあなた自身がそこまで責任持てるんか」っていう気持ちが出てくるんですね。「結局責任とるのは私やないか」。その団体もやり始めてまだ1年半なので試行錯誤というか。それがいい、あれがいいかなと思いながら。

だから今、Bさんに「こういうステップを踏んでやりましょう」とか言われると、自分のペースじゃなくって、追い立てられるような気持ちになって、焦りが出てきますね。で、腹が立ってくる（笑）。

江夏　はい。じゃあちょっとここで、話を止めましょう。

Aさん　はい。

●リフレクティングプロセスを使う

江夏　ここで「リフレクティングプロセス」を少し使いたいと思います。

どこを切り取って外在化するか、どこに焦点を合わせて投影物語り法を使っていくかというのは、とても大事なところです。クライエントのお話の中にいろんな要素（ターゲット）が入ってくるケースは、実際にカウンセリングではよくあります。リクレクティングプロセスの段階では、グループの皆さんが「Aさんの話の中で私はここが重要だと思った」というところを切り取っていきます。いろいろなアイディアを話してください。これからは、私と専門家である皆さんがディスカッションするのを、当事者のAさんにもオープンにしてすべての内容を聞いていただきます。

リフレクティングプロセスは、家族療法のナラティブセラピーを行う人たちが生み出した手法です。もともと、家族療法は家族二、三人に対して、セラピスト一人がセッションをしていくスタイルでした。家族の話を聞きながら、セラピストが家族に対してセラピーを進めていきます。さらに複数の専門家が関わる家族療法では、セッションルームにはマジックミラーがあり、鏡の向こう側に専門家が居て、セッションのやりとりをすべて見聞きできるようにしていたりもしていました。そしてその専門家は、家族とセッションをしているセラピストにイヤホン越しに指示をしていました。「今、セッションはこういう状況になっているから、このようにセッションを進めていくと良いでしょう」と。それに沿ってセラピストはセッションを進めていく。当然、クライエントには専門家のやりとりは聞こえていません。専門家は自分たちには権威があり、自分たちの考える治療法がすべて正しいと考えていたので、その治療法を一方的に指示していました。

ところが1980年代後半に、トム・

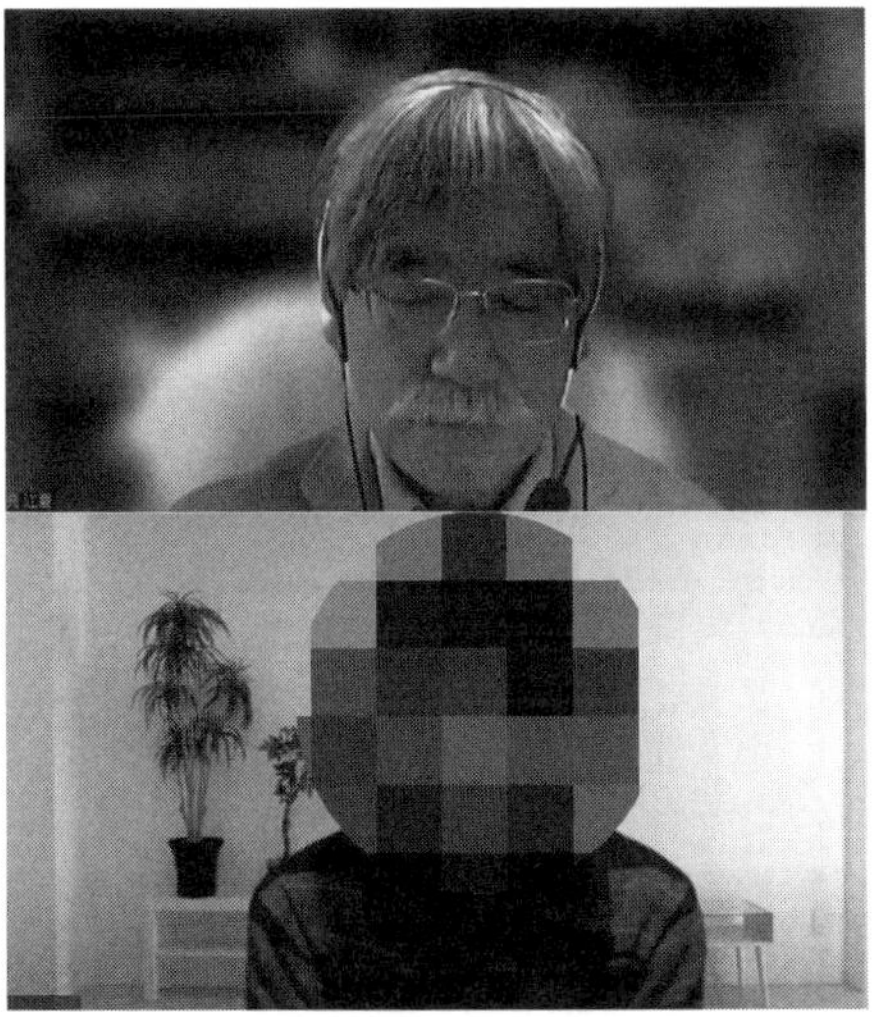

このデモセッションはZOOMを使って行われた。

アンデルセンというセラピストが、「自分たちと専門家のやりとりを、クライエントにオープンにしてみたらどうだろうか」と言い始めました。そのスタートは、マジックミラーの向こう側で行われる専門家のやりとりをクライエントにすべてオープンにするところからでした。そしてやりとりを聞いた後、クライエントに専門家たちが話した内容についてどう思うか、どんな治療法を選択したいかを訊くスタイルに変えたのです。そうすると、専門家の話をクライエントにオープンにするほうがよほど治療効果があることがわかりました。専門家が複数居てディスカッションをしていると、さまざまな意見が出てきて、ときに意見が割れたりもします。そうすると、一つの治療法だけではないことがクライエントにもわかる。クライエントである家族は自分たちでも考えて、たくさんの意見の中で自発的に治療法などを選ぶようになった。「自分はこうしたい」という気持ちが育まれて、クライエントが自分自身で責任を持ち始めるようになったわけです。

このように、治療プロセスの中にクライエント自身が入るスタイルをここでも取り入れたいと思います。当然、私は私でAさんに対するアイディアがありますけれども、他にもアイディアがあっても良いのです。それをすべてオープンにして、Aさんに聞いてもらいながら皆さんのいろんな意見を出してもらいましょう。私がコメントをする必要があれば言いますけれども、まずはAさんに聞いてもらおうと思います。

　では、今のAさんの話を聞いていて、どの部分をターゲットにして投影物語り法で扱っていけばいいでしょうか。皆さんは専門家ですから、「私であればこう考えている」と自信を持ってお話しください。正解、不正解はありません。

受講生①　私は、Aさんは長年のご経験もあって、人の話にじっくり寄り添うという信念がある中で、自信にもなっていた部分を揺るがしてくる相手が現れたということなのかなと思っています。違う手法の人が現れたモヤモヤや、揺るがしがやってきている感じをすごく感じました。

　なので、自分の大事にしてきているものが否定されている、揺るがされている思いの部分をもう少し聞いてみたり、ターゲットにしたらいいんじゃないかなと感じました。

江夏　ありがとうございます。自分が大事にしてきたものが揺るがされている、もしくは否定されている感じがすると。人は誰でもそうなんだけど、そこがとくに目立つような感じがする。そこを焦点にする。それでもいいと思います。他に何かありますか?

受講生②　最初、「ステップを踏んで」という風におっしゃったように、一人の人間の、個別的な部分をすべて一般化することに対して腹が立つ。そう決めつけられると追い立てられるというところが、ターゲットなのかなあと感じました。

江夏　また少し違う視点ですね。「ステップを踏んで」というところにAさんが反応していることに着目して、「個別的なものを一般化されること」に腹が立つ、決めつけられるところから追い立てられるということに注目しようということですね。とてもいいと思います。

受講生③　②さんと同じことを感じました。

江夏　もしよかったら自分の言葉で言ってみてください。

受講生③　それぞれのプロセスや有機的なもの、人には言い切れない部分があるのに型にはめる。人を物として扱おうとするところに危機感のような怒りを持っていて、それがターゲットなのかなと。

江夏　また少し違う視点ですよね。有機的なもの、言い切れないものを物のように扱っているっていう。そこにAさんが怒りを覚えているっていうことですね。

受講生④　今、Aさんの中で起こっている気持ちに対して何があれば静かになるのかなあと思いました。何を求めて、そういう怒りがあるのか。何を求めているのかなって。

江夏　なるほど。ありがとうございます。

受講生⑤　「自分はそんなに頭が良くないから、それに対して何を言えばいいか、うまく説明できない」って言ったところをもう少し聞いてみたいと感じます。

江夏　はい。怒りを持っているんだけど、「何」に怒りを持っているかっていうのもすごく大事で、「自分の頭が良くないからうまく説明できない」ということを少し見ていくといいんじゃないかというわけですね。

受講生⑥　⑤さんの意見に少し似ているのですが、「頭が良くない、うまく説明できない、どうせ」とか。何となく、自分を抑えている感じがします。「経験は私のほうがあるのに」といった言葉も出てきたりするので、そのあたりと結びついているのかな。

江夏　何となく抑えているものもあって、「私のほうが経験がある」とおっしゃったことについて、もう少し話を聞きたいということですね。

受講生⑦　実は僕もコンサルタントです。僕がコンサルティングで行っているプロセスは構成的になっていて、ご一緒されているBさんもそういったステップに沿って話をしてるのだと思いました。コンサルティングは最終的に「終了させる」ということが最大の目的なので、期間の最後までに終了するようにやっていこうとするんです。だから、Aさんのステップの踏み方と、コンサルタントさんの踏み方は時間的にも全然違うものがあるのではないでしょうか。いちばんのポイントは、「クライエントの安全が脅かされている」とAさんは思っているところ。もう1点は「この会の最後の責任者は私なんだ」というところ。クライエントの安全をどう守るか。ここがポイントなのかな。AさんとコンサルタントのBさんとの関わりが対決の構造になっているような気がしています。

ポイント：リフレクティングを行う場合は「この考えやこの手法がいい」と決めつけないことが大切。リフレクティングで出る意見は、当たっているときもあれば、外れているときもある。リフレクティングの上に意見を置くような感じを意識する。専門家として「こういう風に思う」と、テーブルの上に意見を置くような感じを意識する。1対1でのカウンセリングでもリフレクティングは使えるが、その場合は、さまざまな視点をもてるように常に勉強をすること。

●何をターゲットにするかをクライエントと決める

江夏　ありがとうございます。いろいろな話が出てきました。このリフレクティングプロセスはいろいろな視点が提供されるので、セラピストとしての幅も広がります。さまざまな話が出てきましたが、今Aさんはどういう風に投影物語り法を進めたいですか？　このリフレクティングの中から出てきたターゲットを切り取って進めていくか、この部分をもっと突っ込みたいか、もう少しお話してを続けて様子をみるか。Aさん自身のお考え、ご希望、お気持ちを聞かせていただけますか？

ポイント：多様な意見の中からクライエント（話し手）自身が何をターゲットにしたいかを回答してもらう。

Aさん　そうですね。どの方もすごく的を射ていて。理解しようとしてくださってありがたいなあと。「自分が大事にしてきたものが揺るがされている」っていうことと、それから⑦さんがおっしゃった「クライエントの安全を守らなければならない」っていうこととリンクするなあと。それと、個別的なものを一般化することに対して、私が追い立てられる、やっぱり危険だなあという感じがあって、それが「怒り」になるところがありますね。

「頭が良くない」いうのは、単に一般化する、整理する、カテゴライズする頭が私にはあんまりないという意味です（笑）。

ポイント：リフレクティングプロセスを行うと、クライエント自身がターゲットにすべきものを絞り込みやすくなる。

江夏　難しいですね。でも今の話は、ある意味良いセラピストだったら感じるようなことなわけです。

Aさん　そうですね。

江夏　そういう風に感じていることは素晴らしいと思うんだけれど、その中でも、〝おやっ？〟と思うところは、Aさんの個性化された、独自の部分です。この感じ方が減るともっとAさんは自由になれると思います。

「Bさんと建設的に関われるようになるには」という視点で探すと、今の私（江夏）にとっていちばん目立つ部分というのは、「追い立てられる」というところです。

ポイント：セラピストの見解を整理して、ターゲットを絞り込んでいく。

江夏　「ステップを踏んで、何かやっていこうとすると、追い立てられる感じがする」そこが私にとっては少し目に入ってくる部分です。

追い立てられる感じがしたら、それは腹も立って、Aさん自身も不自由なわけです。それ以外のことができなくなるし、Bさんと建設的にディスカッションできなくなります。

ですので、何に追い立てられているのかという部分がもう少しわかってくると、Aさん自身ももう少し自由にBさんと関われるんじゃないかなと私は感じているんですけど。Aさんはどう思いますか？

ポイント：困りごとが起こるプロセスを整理すると、「追い立てられる」というキーワードが出てきたので、それを深堀りしていく。

Aさん　そうですね。追い立てられるっていう感じが……、うーん、そうですねえ。わりと自分では新しい感覚なんです。

江夏　うん。

Aさん　それまではけっこう自分の歩幅で、ちゃんと地面踏んで歩いて来られたっていう感じがしてるんですけど、なんか、うーん、「それちょっと私の歩幅じゃないんだけど」みたいな。

江夏　「私の歩幅じゃない」ね。今のやりとりの中で、すごくユニークな言葉が出てきたなと感心しています。「私の歩幅じゃない」という言葉はセラピー的にはすごく大事だと思います。「私の歩幅じゃないと危険なんだ」というのは僕の感覚と違うからです。私も追い立てられるのは好きではありませんが、僕の場合は自分が焦ってしまうから好きでないわけです。自分の歩幅は考えないと思います。つまり、僕だったら「追い立てられる」不愉快さから「歩幅」は思いつきません。このように、「私の感覚」と「Aさんの感覚」は違うということが非常に重要です。他の人と感覚が違うところにクライエントにとって大事なものが隠されています。こういう風にして、投影物語り法で扱うターゲットを少しずつ絞り込んでいきます。

しかもAさんの中で、追い立てられるっていう感覚を持つと、それは危険だし、ご自分の歩幅じゃないわけです。とくに「私の歩幅じゃない」と強く主張するような感じもします。ですのでそのあたりを外在化したらどうかなと今は思っています。Aさん、今、どうですか？

ポイント：ターゲットを焦点化する。

Aさん　そうですね。いいと思います。はい。

江夏　「こういう部分を外在化します」と、Aさんの言葉で1行、2行で言っていただけますか？外在化する部分です。

ポイント：ターゲットに沿って物語をつくれるよう、クライエントにターゲットとなる思いなどを宣言してもらう。それによりターゲットがより意識化できる。

Aさん　はい。「今まで大事にしてきたもの、一人ひとりの子どものそれぞれのものを大事にしてきたことを、一般化されたり決めつけられたりすることに対して追い立てられた感じがする。その追い立てられた感じが、どうも自分の歩幅で歩けないような感じ」です。うーん。「無理させられているような感じ」がある。

江夏　「無理させられている感じ」ですね。それもいいですね。追い立てられるような感じ。自分の歩幅で歩いていない感じ。無理させられている。その感じを、ちょっと感じてみていただけますか。もう少しそこに焦点を向けて。

ポイント：宣言により、さらに「無理をさせられている」というキーワードも出てきた。

Aさん　はい。

江夏　その感覚にいちばんふさわしい人物像は誰ですか？　自分じゃない人物像。ひょっとしたら過去の自分のエピソードでふっと思い出すかもしれない。それにいちばんふさわしい人物像を語るとしたら、どんな人物像でしょう？

ポイント：困りごとを焦点化して、ターゲットを設定したことで、どんな人物像が出てくるかを質問する。困りごとを外在化する。

Aさん　やっぱり昔の頃の自分を思い出しました。

江夏　いくつぐらいのご自分ですか？

Aさん　小学校から中学に上がるくらいの頃です。

江夏　小学校から中学に上がるというと、学年でいうと小学6年生ですか？　それとも中学校に上がった頃？

Aさん　いいえ。ちょうど中学受験の頃です。

江夏　「中学受験をしようとしていた頃の自分」ですね。それを今外在化しましょうか。その頃の自分の気持ちや状況について、話せる範囲でいいので、もう少し話していただけますか。

ポイント：本来は、主人公に設定するのは「他人」であるが、ここでは「中学受験をしていた頃の自分」が出てきた。しかし、クライエント自身から自然と出てきた人物像であるので、とりあえずそのまま進めていく。

●クライエントの過去の話を聞く

Aさん　その中学校は附属の学校で、その先に音楽学科の高校と大学があったんです。母親が私をそこに行かせたくって、何か言いくるめられてそこの中学に入りました。「あんたが希望したから」って言われて。その中学には特設科があって、音楽のいろんな訓練をするんです。そこに入ったら、幼い頃から親がそばについて音楽を教えてきたような子が多くて。それまでは私は「何でもやったらできる」とか「やればできる私なんだ」って自己イメージがあったんです。でも、できる人ばかりで、「あ、私なんか落ちこぼれやん」って急になった(笑)。

ポイント：「そういう問題が起きて当然」という出来事を話してもらう。ここでは自然にそのプロセスが始まった。

江夏　なるほど。

Aさん　でも親はまったく音楽のことはわからないし、小学校の同級生は地元の公立に行っていて。その頃に引っ越しもしたので、近所にも知っている人がいないし。親は仕事が大変だったときで、家に帰っても両親はけんかばっかりしているし。すごく孤独だったんでしょうね。怖い先生に指導をつけられて、学校に行くといつもめちゃくちゃ怒られて、どうしていいかわからなくて。だけど、誰に聞いたらいいかもわからない。どうやってあそこを切り抜けてきたのか自分でもわからないんですけど。

江夏　なるほどね。そういう話を語られると、本当に「自分の歩幅じゃない」というのがよくわかるし、とくに音楽は小さい頃からずっと英才教育を受けてきた人と、好きでやってきた人のスタートは全然違いますからね。誰がそういう状況になってもAさんと同じ状況になりますよね。

危険という意味では、どんな風に危険だったんですか？　怖い先生に指導をつけられたっていうことは、その先生に関わるのは危険ですよね？

Aさん　怖かったです。むちゃくちゃ怖くて。その先生のところに行く電車の中でも心臓がドキドキしているくらい怖かったですね。

江夏　怖かったですね。昔の音楽の先生ってなんであんなに怖かったんでしょうね。えらそうにいばって。本当に怖かったんでしょうね。昔は本当に怖かった。

> **ポイント：**物語の主人公が辛い出来事によって味わった悲しみや恐怖に寄り添う言葉がけを適宜行う。

Aさん　有名な怖い先生でした（笑）。

江夏　それが「危険」という感覚とリンクしているのか、それとも、さらに「危険だと感じて当然の状況」があったのか。その辺はどうですか？

Aさん　そうですね。「あんたが希望したから中学受験させた」って親に言われたけど、自分ではそういう実感なくって。やらされてる感というか。〝仕方ないよなあ〟みたいな。自分ではもう引き返せないし、どうしようもない。当時はね、不登校になることなんて考えられなかったし。

江夏　ですよね。

Aさん　はい。

江夏　不登校になっていたかもしれないですよね。

Aさん　思います。そうそうそう。で、特設科の人たちは音楽家の高校を目指してるじゃないですか。果たして自分もそこに入れるんだろうかっていう心配もあった。「入れなかったらどうなるんだろう」って。先がまったくわからない。

江夏　なるほどね。では、そのときの自分にとっていちばん必要なことっていったい何だったと思いますか？　孤独だったし、どうなるかわからない不安もあるだろうし、いちばん怖い先生につけられてるのもあるし、親からは「あんたが希望したから中学に入れた」って言われるし。子どもを丸め込む親の典型的な言い方ですけれども。そして、自分は〝やらされているから仕方ない〟って思いにとらわれて。そういう思いをいっぱい抱えているわけです。

そういう中学生の女の子がもし今Aさんの目の前にいたとしたら、その子に対してどういったケアをすると、少し気持ちが癒されていく、もしくは気持ちがラクになるでしょうか？　その中学生は絶望している、もしくは自分の歩幅じゃないペースで歩かされている。そういう視点で考えたときに、自分じゃない、まったく違う他人、中学生の女の子でそういう状況にいる人がいるとしたら？　どんな関わり方をしてあげると、その子は少しでも自分らしく、孤独じゃない、絶望感みたいな諦めではない人生に進んでいくのか。どういったストーリーがあると、目の前の中学生は良い意味で元気になっていくんだろうか。どう思われますか？

ポイント：このデモセッションでは、当時のAさんの過去の話が展開していっている。他人の物語をつくる「投影物語り法」のマニュアルとは少し外れているが、実践のカウンセリングではよくあるケースなので、そのまま進めて良い。「そうなって当然」という最初の物語はできたので、次からは「反対の極の物語」に進んでいく。

Aさん　はい。ええと、そうですね。今の時代のようにスクールカウンセラーが居て、そういう人に話ができるといいんじゃないかなと思います。

江夏　なるほど。スクールカウンセラーね。今日は、Aさんの心象風景の中で、今その子はどういう状況にいるかということを少し語ってもらって、そこから少しでも良い環境に変えて終わりにしたいと思います。そのためにまず、その子にニックネームをつけましょう。自分の中にある「そういった子」をイメージしてもいいし、他人としてもう一度捉え直して、「○○ちゃん」と名付けてもいいです。

ポイント：ニックネームをつけることで、クライエントの中の「あるかたまり」のような部分に焦点を当てることができる。また、ニックネームをつけることで、「現在の自分」を切り離し、客観的に物語がつくりやすくもなる。

Aさん　ミクちゃん。

江夏　ミクちゃん。そのココロは？

ポイント：ニックネームをつけるには何か意味や思いがあってつける場合があるので質問をした。感覚でニックネームをつけている場合も多い。

Aさん　ふと「初音ミク」※が浮かんだんです。

江夏　じゃあ、ミクちゃんにしておきましょう。

Aさん　はいはい。

江夏　そのミクちゃんは、「やらされている感がある」「仕方がない」「怖い先生についている」「その先生のところに行く前になると、電車の中でも先生のことが怖くてしょうがない」「私の歩幅じゃないペースで歩かされている」「危険も感じる」「当然怒りもある」状況です。

そんなミクちゃんは、今、どういうところに住んでいますか？　ミクちゃんを少しでも良い環境に置いてあげられるとしたら、どんなところに置いてあげられるんでしょう？

ポイント：「反対の極の物語」をつくるために、最初の物語で足りない部分をもう少し具体化する。

Aさん　先生が交代するといいですね。あんなに怖くない先生に（笑）。もうちょっと優しい先生。怒られると、言われていることが耳に入らないですからね。わかるように教えてくれる先生。

江夏　もう少しわかるように言葉にしましょう。「耳に入るように教えてくれる先生」に交代する。

※初音ミク　クリプトン・フューチャー・メディアが開発した実在しないバーチャルシンガー。ヤマハのVOCALOID技術を基に開発され、誰でも簡単に歌声を合成できるソフトウェアとして誕生した。特徴的なツインテールと青緑色の髪を持つキャラクターデザインが人気となり、数多くの楽曲が制作されている。

Aさん　うん。そこですよね。やっぱり楽しいですよ、音楽って。
江夏　ですよね、本来はね。
Aさん　その楽しさをちゃんと気づかせてくれる先生。
江夏　そんな先生ですよね。じゃあ、ミクちゃんは、ついている先生がわかるように教えてくれる先生に替わった。音楽の楽しさに気づかせてくれる先生についた。そんな状況に今、ミクちゃんはいます。ここで前半を終わらせましょうか。
Aさん　はい。
江夏　今どんなお気持ちですか？
Aさん　ちょっと先が楽しみになってきました。
江夏　良い感じですね。はい。じゃあ今日はここまでにしておきましょう。2週間後にこの続きをやっていきましょう。
Aさん　はい。

ここまでが前半です。このケースではセッションの時間がまだあったので、反対の極の物語の方向性を向かせるところまで前半を進めましたが、時間がないときは「先生が替わる前まで」

くらいで終了しても大丈夫です。その場合、次のセッションでは最初から反対の極の物語でスタートすると良いでしょう（このケースでは後半は「もっとましな先生像」を探すところから始めています）。

「反対の極の物語」をつくる

江夏　今日は後半をやっていきたいと思います。Aさんは先日のセッションについて、どのくらい記憶に残っていらっしゃいますか？

Aさん　そうですね。すごい怖い先生についたけど、その後は良かったかなって。もっと怖くなくて、もっと理解がある先生に交代するというのが出てきたと思います。

江夏　そうですね。先日は、Aさんが一緒に仕事しているBさんを苦手に思っている。Bさんは「目的や展望を決めて、ステップごとに進めていきましょう」と言う。Aさんはどうしてもその人を苦手に思ってしまうというところからスタートしました。

Aさん　はい。

江夏　その辺は感覚として覚えていらっしゃいますか？

Aさん　思い出しました（笑）。

江夏　Aさんが団体の中心として活動の中心に居て、Bさんに対して苦手な感じがするところからスタートしているんですけれども。Aさんは Bさんに腹が立って、自分を否定されているような感じがする。「Aさんがちゃんとできていない」とは言われてはいないのに、そういう風に言われている感じがする。Aさん自身としては、「自分に変なプライドがあるかもしれない」と思ったりもしている。そういう風に受け止めていくことは自然だとは思うんですけれども。そこから、Aさんは実は「追い立てられているような感じ」がすることがわかった。それは自分にとってすごく危険な感じがする。だから当然怒りもわいてくる。自分の中にある感覚をなかなか言葉にするのが難しいというと思うんですけれども、さらに「私の歩幅じゃない」という感覚で追い立てられているというのも出てきました。

Aさん　はい。うん、うん。

江夏　そういうところに焦点を当てていきましたね。自分の歩幅で歩いていない。そして無理をさせられている。そのあたりから、実際に自分の成育歴として、音楽を専門にやる特設科のある中学校に入った。入学してみたらいろいろ大変で、他の人と比較して、自分は落ちこぼれだと感じた。ご両親は音楽の知識がないので相談もできないし、大変だとわかってくれない。

で、たぶんわかってくれないどころか、現実離れしたことを言ってくると思うんですよね。音楽や楽器をやったことのない人は「やればできる」って気楽に言うと思うんですけれども、そういう話じゃない。引っ越しもしたので、近所に知り合いもいなくて、ご両親はけんかばっかりしている。すごい孤独で、さらにすごく怖い先生につけられたっていうことで、どうしたらいいのか自分でもよくわからなくなった。親は「あんたが希望してたから音楽のできる中学に入れた」みたいに言うんだけれども、自分では「えーっ」って心外に思っている。

Aさん　〝そんなこと言ったっけ？〟みたいな（笑）。

江夏　そうなんですよね。そして後半の物語をつくっていくために、女の子に「ミクちゃん」というニックネームをつけました。これは初音ミクからとった名前です。ミクちゃんは辛い状態にあるんだけれども、環境がどんな風に変わったら自分の歩幅で歩いていけるようになるのか、もしくはどんな環境が必要なのか。そう考えたとき、〝怖い先生から優しくて丁寧に教えてくれる先生が担当になるといいだろう〟となった。音楽の楽しさに気づかせてくれる先生との出会いを求めている、もしくはそういった出会いが必要だと。前回はそういう風に終わりました。

Aさん　はい。

●クライエントの物語が語られる

江夏　今、話を聞いていて、Aさんは心でどんなことを感じていらっしゃいますか？

Aさん　うーん……。なんかよく孤独な中で頑張ってるなあみたいな感じがします。

江夏　「孤独な中で頑張っている」っていうのはどういう感じですか？

Aさん　親がわかってくれない。並行して、今までの友達から離れちゃって。それから、音楽もいくら頑張っても認めてもらえないっていうところがあったんで。はい。どうしたらいいかわからなくて。

江夏　そうですよね。

Aさん　ええ。

江夏　ほんとにそうですよね。どうしていいかわからないでしょうね。

Aさん　そこから、なんかあれですかねえ。
　……………………つくり話といえばつくり話ですけど。もしも、音楽の学科に入ったら、担任の先生が親に「演奏会にもできるだけ行かせてください」とか「レコードとかどうぞ聴かせてください」とかそういうことをおっしゃってくれて。そうしたら、チケット買うとか、レコード買うとかいうことに、親が良い顔をしてくれたんですよね。それでこう、だんだんと音楽の良さに目覚めていったというか。それまで、クラシックを日常的に聴く環境ではなかったのでわからなかったけど、「ああ、クラシックってものすごく良いなあ」って思い出した。

　それであるとき、あるピアニストのレコードをすごく好きになって。一生懸命その人の真似をして、レッスンのときにそれを弾いたらものすごく先生が褒めてくれたんですね。そうしたら、「あ、そっか。自分が気に入ったように弾いたらいいんやわ」って、そこからちょっとわかってきた。練習の仕方が変わった。「すごくうまくなったね」って言われるようになってきたんですよね。その先生というのが、昔はピアニストを目指していて、さらに大学では作曲を専攻された先生だった。その先生は、技術ばっかりじゃなくって、音楽表現にも長けていて。「ああ、こういうところが素敵なのよ」「これがすごく良いところよね」とか、表現についていろんなお話をしてくださる方で。そこで自分も表現をする楽しさを知った。「音楽ってこんなに楽しい、良いものなんだなあ」「すばらしいものなんだなあ」と感動できるようになった。

江夏　うん。

Aさん　その辺から自分が演奏するという姿勢、見方が変わってきた。ピアニストって、ソロで演奏することを目的に音大に行ったりする人が多いんですけれども、ミクちゃんはバイオリンや、声楽や、クラリネットの専攻の人が居るところで、その人たちと一緒に合奏したり、そういうのが面白くなっていって。

ポイント：突然Aさんは傍点「つくり話といえばつくり話ですけど」という部分から「反対の極の物語」をつくり始めた。そのためセラピスト（江夏）は、始めはこの物語は実際のAさんの話なのか、ミクちゃんの話なのか、どちらであるかわからずに聞いていた。途中でAさんが「ミクちゃんは（傍点部分）」と発言したので、「ミクちゃんの物語である」と確認し、そのまま物語の続きを聞いている。

Aさん　音大に進んでも、試験に受かるためにソロの曲も一生懸命やるけど、どちらかというと他の人と一緒にやるのがすごい面白くなってきたんですよね。そういうのを楽しむようになった。

中学校の最初の音楽の先生はすごく怖かったけど、先生が怖かったおかげで一生懸命練習するようになったから、良かったたんかもと思います（笑）。

「反対の極の物語」を振り返り、「困りごと」に落とし込む

江夏　そこまで話して、今、どんなお気持ちですか？

Aさん　あの、急に目の前がカラフルになったような（笑）、感じですねえ。何かこう、すごい豊かな経験させてもらったなあという。やっぱり、音楽ってものすごく命を輝かせてくれるというか。改めてすばらしいもんだなあって。今ものすごく、コンサートに行きたくなってます。ふふふ。

江夏　そうなんだ。じゃあ、ミクちゃんは、最初は孤独の中で頑張っていて、友達とも離れているし、いくら頑張っても認めてもらえないから、どうやっていいかわからないって思っていた。だけど先生は厳しい先生だから一生懸命練習はしたと。とにかく先生は、両親に「どんどん音楽を聴かせてください」「コンサートに連れて行ってください」と言ってくれたので、ミクちゃんのご両親はいろいろレコード買ったり、コンサートに連れて行ってくれたりして、ミクちゃんが音楽の良さにだんだん気づいてきたと。そして良いなぁと思い出した。それで、気に入ったピアニストが居て、それを真似したら、先生がそれを褒めてくれたと。褒めてくれた先生は、怖いと言っていた最初の先生ですか？　それとも別の先生ですか？

ポイント：最後に話し手（クライエント）が紡いだ物語を、聞き手（セラピスト）がまとめて伝える。クライエントに物語の全体的な流れを感じてもらう。

Aさん　別の先生です。

江夏　別の先生が褒めてくれた。

Aさん　ええ。

江夏　そうするとね、褒めてくれるとうれしいし。「こういう風に練習すればいいんだ」と練習の仕方もわかって、どんどんうまくなっていった。これはミクちゃん自身のペースですね。

ポイント：「自分の歩幅になったこと」を強調してクライエントに変化を伝える。

江夏　親がいろんなものに触れさせてくれた環境によって刺激を受けて、ミクちゃんの中に自然とその音楽の面白さや良さが目覚めていくし、先生に褒められることを通して、自分なりの練習の仕方を見つけていった。そういう意味で、自分の歩幅で歩き始めて、良いことがどんどん起こってきたわけですね。

そして今度は、大学で作曲を教えている先生が表現の話をいろいろしてくれて、今度はミクちゃんは表現をすることの楽しさを知った。そこでまた気づきを得て。そしてミクちゃんは、ソロではなく、いろんな楽器の人と合奏するのが面白くなって、それを楽しむようになった。

そんな風にして、今ミクちゃんはどんな感じで、何歳くらいで、どんな表情、どんな感じで毎日生きているんでしょうね？

Aさん　うーん。ミクちゃん。そうですね。ちょうど大学卒業して、同級生があっちこっちで演奏会をするときに呼んでくれるようになって。……いろんな人とね、リサイタルとか、やっぱり人と一緒にやるのがミクちゃんには合っているみたいです。

江夏　人と一緒にやるのが合っているんですね。

Aさん　デュエットとかトリオとかそういうのでも、ピアノは主じゃなくて、バイオリンがあればバイオリニストが主になっているんだけど、裏方というほどでもないけど、そういうのが似合っている。前面に出るとかじゃなくて。そうですね。サポーターのほうが合っている。

江夏　サポーターのほうが合っているけど、裏方じゃないんですよね？

Aさん　そうですそうです。

江夏　そういう意味では前に出ているんだけど、サポーターだっていうね。

Aさん　そうですね。それが合っている。

江夏　それって今のAさんそのもののようですね。

ポイント：「反対の極の物語」で得た気づきを現在のAさんにリンクさせる。

Aさん　そうですか？（笑）。そうか。ああ、そう、言われてみたらそうですかね（笑）。

江夏　で、今ミクちゃんは、いろんな人のリサイタルに呼ばれて。

Aさん　うん。

江夏　サポーターとして一緒に演奏している。

Aさん　ええ。

江夏　ミクちゃんは今、どんな身体感覚で生きているんでしょう？

ポイント：肯定的な体験は、からだでしっかり感じることによって癒しが起こる。

Aさん　昔のミクちゃんとは思えないぐらい、ちょっと、自信を持っている姿ですね。

江夏　自信を持っている。

Aさん　ぜんぜん私なんてダメだと思っていたのが、今は、伴奏者としてひっぱりだことというか。あっちこっちで求めてくれる人が居て。そこで本当に、その人の最高の演奏を引き出す、そういう役割ができていることですごく充実してますね。

江夏　うん。良いですね。聞いていてこっちもうれしい。わくわくしますね。

Aさん　ありがとうございます。

江夏　その人の最高の演奏を引き出すなんてね、すばらしいですね。それは充実しているだろうし、自信もあるでしょうね。そういうことを考える前に、本当に充実している。

Aさん　そうですね。目指すものがはっきりしているというか。

江夏　そうですね。目指すものがはっきりしている。

Aさん　最後に、そういうミクちゃんの心の在り方や身体感覚を、Aさんも同じように感じて、共有していただいてもいいですか？　ミクちゃんのそういう感覚を。

ポイント：肯定的な体験によって得た感覚をしっかりとからだに落とし込む。

Aさん　はい。（しばらく全身でその感覚を味わう）そうですね。すごくなにか、今の仕事に通じるものがあるなあって。はい、思います。

江夏　うん、どんな風に通じているんですか？

ポイント：投影物語り法で得た気づきを、現在のAさんとしっかりリンクさせ、変化につなげていく。

Aさん　そうですね。サポートやけど、一緒につくり上げるというか。「その人の最高のものを引き出す」というか。うん。すごいことをしてるなあ、みたいな。ふふふ。そんな感じですねえ。

江夏　サポートされる側はきっとうれしいですよね。そういうことをしてくれたら、きっと。「この人は、自分の最高のものを引き出そうとしているんだ」と感じたらうれしいですね。フリースクールの支援を超えて、自分の最高をこの人は一緒に考えて、引き出そうとしてるんだって。ただ「学校に行けばいい」「社会に適応すればいい」とか、そういう感じとはまた違いますよね。レベルが、目指すところが。その人の人生の最高のところを目指そうって。サポートされる側もうれしいし、ありがたいと思っているんじゃないでしょうかね。

Aさん　江夏先生がおっしゃるのを聞いていたら、なんかうるうるしてきました（笑）。

江夏　そういう支援者がいたらうれしいと思いますよね。

Aさん　なかなか力不足で、目指したいと思います。

江夏　はい。頑張ってください。

Aさん　ありがとうございます。

江夏　今日はAさんの反対の極の物語を今日はつくりましたけど、質問や感想がある方はいらっしゃいますか？

受講生⑧　Aさんが最後に「最高のものを引き出す存在でありたい」とおっしゃっていたのが本当に素敵だなと思いました。最初は、一緒にお仕事をされている方へのモヤモヤした気持ちだったけれど、最終的にご自身のお仕事のスタイルに帰着されていった。フォーカスの先がご自身の在り方になったように感じました。また、私は〝誰もが人生という音楽を奏でて生きている〟と思っています。その人の醸し出す言葉や雰囲気というのは「音楽」だと。そんな私の気持ちとリンクするようなお話でした。

素敵な物語を聞かせていただいて、ありがとうございました。

江夏　⑧さん、ありがとうございます。では今日はこれで終わりにしたいと思います。

ポイント：投影物語り法で反対の極の物語をつくるという作業は、通常のカウンセリングでも応用できる。例えば、カウンセリングの中でただ傾聴するだけではなく、そのときに欠けていた肯定的な部分は何であるかに焦点を当てて、話をすることもできる。また、物語をつくった効果はクライエントによって多種多様であり、物語によって得た気づきを日常生活でも意識をする人もいれば、物語をすべて忘れてしまう人もいる。物語を忘れてしまっても構わない。何かしらの肯定的な物語をつくって、それを経験することで何らかの変化が起こる。

セッション直後のAさんの感想

話をつくりながら、「最高のものを引き出す」というのが、サポートをする子どもだけでなく、「一緒に仕事する相手（Bさん）の最高のものを引き出す」ことにも通じると気づきました。物語の後半から、「一緒に最高のものをつくり上げる」など、自分でも想像していなかったいろんな言葉が出てきました。本当にその人が自分らしく、いちばん人生を充実して生きていけるのか。何もできないですけれども。私が望んでいるのはそこなんだなあと改めて気づかせていただきました。

「（輝いているミクちゃんが）今のAさんみたい」と言われて、こそばゆいけどうれしかったです。

セッションから約1年経っての感想

コンサルタントBさんとは、現在も仕事で関わっています。

セッションで気づいた「クライエントだけでなく、相手の方の最高のものを引き出す」ということは日が経って忘れていましたが、気分としては残っていたように思います。

その後、Bさんに対してはあまり感情的にならずに、なるべく説明に時間を費やすようになりました。Bさんと自分との違いがある程度わかるようになって、以前よりも気持ちをラクにして仕事ができるようになっています。

江夏 亮からのコメント

このセッションでは、ターゲットとなる困りごとを外在化すると、それに関連のあるクライエント自身の過去の話が自然と出てきました。これも投影物語り法の効果の一つです。困りごとがあるときに、それと直接関係する過去を探して思いつかない場合でも、投影物語り法の「他人であり、かつ、その困りごとが起こるにふさわしい人物」という枠組みを使うと、自然と関連する過去を思い出すと考えられます。

物語をつくる途中で、クライエントが忘れていた過去が出てきても、そのままプロセスを進めて問題ありません。架空の物語をつくる利点は、「反対の極」の肯定的な物語をつくる際にとくに発揮されます。クライエントとセラピストが自由に創造性を発揮して、心象風景を少しでもプラスの方向に持っていけたら十分でしょう。

第6章

ケーススタディ

本書をお読みの方の中には、企業や学校などで心理士として、あるいは自分のセラピールームでセラピストやカウンセラーとして活躍されている方も多いと思います。

そこで第6章では、これまで紹介してきた投影物語り法をさまざまな場面で使う具体的な方法を説明したいと思います。

まずはこれまで著者が指導してきたセラピストが、実際に投影物語り法を体験したり、実際に使ったりしたカウンセリングのケーススタディをご紹介したいと思います。それぞれに受け止め方や使い方は違いますが、クライエントとのリアルなやりとりから、投影物語り法が現場でどのように使われているかがわかるかと思います。

その上で、私が考える投影物語り法の上手な使い方をまとめておきます。皆様のご参考になれば幸いです。

※プライバシー保護の観点から、ケーススタディに登場する人物の情報は一部創作しています。あらかじめご了承ください。

ケーススタディ①

「1日をちゃんと終わらせる」

Yさん（女性・60代）

【経歴】公認心理師。臨床歴8年。個人開業でZoomカウンセリングを行うほか、精神科の医師と看護師と一緒にリモート診療も行う。クリスチャンであり、大学時代には刑務所や老人ホームへの慰問を行っていた。子育てが一段落した後、大学院で臨床心理学を学び公認心理師に。過去には児童精神科での勤務経験やスクールカウンセリングも経験。現在のクライエントは未就学児から成人まで多岐にわたる。カップルカウンセリング、家族カウンセリングも実施。海外在住の日本人クライエントも受け持つ。リモート診療ではオープンダイアローグをチームで行う。

ふうっと鎧の紐がほどけていく

大学院時代に江夏先生にご指導いただいたご縁と、児童精神科で実習を受けた体験がきっかけです。大学病院の児童精神科では、厳しい環境下で虐待を経験した子どもたちに心理サポートをする機会がありましたが、その中の子どもたちの多くは問題行動の背景、虐待経験の詳細については、固く口を閉ざし、ほとんど語ってはくれませんでした。そして、安全確保のために親から分離し保護しようとすると「お母さんのところに帰りたい」と泣き叫ぶ。どれほどひどい虐待を受けても親を慕い、親から離れると自分は生きていけないと子どもたちは本能的に感じているのか全力で拒むので、医師も心理士も対応に困るケースがありました。

しかし、私がパペットや絵本を持っていき一緒に遊んでいると、子どもたちの閉じていた扉が開くときがありました。そして、隠していた何かが現れるのです。例えば、たくさんのパペットを選ぶときも、可愛いうさぎやブタのパペットではなくて、怖い顔をしたドラゴンのパペットを選ぶのです。物語に没入するうちに乱暴な言葉を使い出して、人形を痛めつけて、その痛めつけられたパペットになりきって、「痛い、痛い」と叫ぶ。その子たちは自分に起きた辛い経験は話さなくても「パペットや絵本の物語」として遊ぶ中で、子ども自身の心の様子が現れてきました。物語の世界に入ると、無理やりに聞き出したりしなくても、ふうっと幾重にも着こんだ鎧の固い紐がほどけていくような瞬間がありました。

家族と離れ離れになったリスのロビン君のお話

投影物語り法の講座を受講して、クライエント役として何回か物語をつくりました。印象的だったエピソードは「リスのロビン君」の物語です。

この話は、リスの一家の子どもであるロビン君が、森を揺するような大風に飛ばされて、家族と離れ離れになる内容です。ロビンは家族と離れた後に、一人暮らしをしながら家具職人になるために修業していました。成長して一人前の家具職人になった頃、家族の新しい家を探し出します。しかし、ロビンは窓の外から家族が元気でいる様子を確認したけれど、家の扉を開けて中に入って行こうとはしませんでした。残った家族の幸せな様子をしばらく眺めてから、静かに自分の今の棲み家に戻ります。そして、後日、自分のつくった家具を名前も告げずに送る……というストーリーをつくりました。

自分の抱えていた生い立ちの問題

このストーリーは、私が昔、野生のリスの子を育てた経験がベースになっています。私の家の周囲は森があって、たくさんのリスが住んでいるのですが、ある日、屋根の樋の落ち葉を掃除していたら、まだ臍の緒がついているリスの赤ちゃんも一緒に落ち葉と一緒に落ちてきました。リスの巣があったのです。お父さんリスとお母さんリスは逃げてしまったので、赤ちゃんリスに「ロビン」と名付け、ヤギの粉ミルクを与えて育てました。ロビンは私の肩や頭に乗り、懐くようになりました。保護して半年後に森に返した後も、ロビンは名前を呼ぶと窓から帰ってきて、1日に2~3回、実家に戻ってナッツやお芋を食べて森に帰っていく、そんな毎日でした。

ロビンと触れ合いながら、私は「ロビンのお父さんとお母さんは子どもを置いていってしまったんだなあ」と思い、ロビンの姿に自分自身を重ねました。実は私にも離れ離れになった家族がいるのです。私には実父と育ての父が二人います。実父に対しては、名乗り合うことも、その必要もないと母から言われていました。親から置いていかれ一人になったロビンのことを考えると、自分の中に忘れていた何かがガタガタと動き、ザワザワと揺れるような感じがしました。

そんな出来事があったので、投影物語り法でこのことをテーマに扱おうと決めました。最初は、「離れ離れになったロビンと家族が再会してハッピーエンドになる」というストーリーをイメージしていました。でも実際にサポーターと物語を一緒に紡いでいくうちに、自分の中で徐々に変化が起きていったように感じました。その場で、口から紡ぎ出されたストーリーは「窓から家の中の様子を覗いていたロビンが『みんな元気で暮らしてるね、よかった……』そう言いながら、そっと新しい自分の家に戻っていく」というラストシーンになりました。それが、心のまま、自然に紡ぎ出されたストーリーだったのです。私にとってはこのほうが現実感がある。ちゃんと腑に落ちる「ハッピーエンド」のように感じたのです。

その結末に変えたときに、今までの悲しみがわいてくることはほとんどなくなり、自分が成長したという感覚が生まれました。今の自分は家庭を持ち、子どもたちも成長して、いろいろなことがまあまあうまくいくようになっている。そんな自分を遠くから眺めたときに、「もういいかな」と思えたのです。実父が暮らしている世界に自分がわざわざ入っていく必要もないと。

実は、その後、継父と母が亡くなり、何十年か振りに実父と会って話す機会がありました。実父は心療内科医で、私が心理師として働いていると伝えると、「心は『脳』だから、『脳』のことをとにかくよく学ぶことだよ」と声をかけてくれました。そのアドバイスは今でも心にしっかりと刻んでいます。お父さんからもらった大切な宝物です。それを、再び思い出し、「もうこれで十分、もう会わなくてもいい……」という気持ちになれました。それまでは、父に会い、名前を呼んでもらい、名乗り合いたい、認めてもらいたいという気持ちがありましたが、この物語を紡いでしばらくして、そのこだわりから解放され、清々しい思いになれた自分に気がつきました。

始まりはリスの子を拾って育てたということでしたが、さまざまな出来事を通して、自分の人生に起きた事柄と関連付け、辛かった出来事にも意味があった……というよりも、ロゴセラピーのヴィクトール・フランクルが言うように「自ら選択したものに自ら意味付けをした」と気づきました。それは歓びと豊かさ、自信を自分自身にもたらしました。

そして、私の育てたリスのロビンの実際はというと、ロビンは、ある日を境にぱったりと来なくなり、姿を消しました。地域では、害獣に対して捕獲機を仕掛けていたのですが、私は今でもロビンは家族とどこかで幸せに暮らしていると思っています。ロビンがいなくなってしまったのは悲しい体験の一つだったけれど、そのままだと私の物語は終わらなかった。ハッピーエンドの物語をつくることで、一応物語の収束を図ることができた。さまざまな意味で、「もう大丈夫、私は成長してお姉さんになった、扉を開けて次のお部屋に入った」と、自分の中にそんな自信と確信を持てたような良い経験をすることができました。

父の冷たい言葉

次に聞き手（セラピスト）としての体験をご紹介します。

クライエントは40代の女性です。Aさんには病気や障害を持つ兄弟たちがいました。一人は先天性の病気で若くして亡くなり、もう一人の兄弟は健在ですが、在宅で付きっきりの介護が必要です。ご両親は兄弟たちの世話に追われ、Aさんは、幼いときから、年齢以上にたくさんのことを自分自身で行わなければなりませんでした。学校から帰って、今日あった出来事を両親に聞いてもらったり、優しい言葉で慰めてもらったり、抱き締めてもらう……そんな経験もほとんどなかったということです。

学生のときの出来事です。感性豊かで能力の高いAさんは、読書感想文でいくつもの賞を獲得していました。その一つには、県内の最高優秀賞も含まれていて、表彰されたその日、Aさんは、お父さんとお母さんにきっと誇りに思ってもらえると期待して帰宅しました。しかし、はからずも、父親の口から出た言葉は「いつもの御涙頂戴でうまいこと書いたわけだな……」というものでした。父親がうれしくなかったわけではなく、あまり世話をできない後ろめたさもあったのだろうと大人になった今なら考えられますが、当時は、一人で部屋で泣いたと話しておられました。心身のネグレクトに加え、ときには暴言という虐待も受けてきたのです。また、Aさんは、いわゆるギフテッドといわれる高い知能を持っている女性で、独学で外国語を学びました。語学習得と記憶力の点でとくに優れているため、短期間でネイティヴと間違われるほどに上達。どのような仕方でそこまで上達したのか質問したところ、例えば、幾人かのネイティヴと食事の席で会話をした際は、帰宅後に、話の中でどのような単語で、どのような発音だったかを振り返ると、撮影したビデオ映像のごとく再生することができるというのです。

つまり、彼女の記憶は、そのときの話の内容だけでなく、ビデオ映像として完璧に再生されるのです。幼い頃の各部屋のカーテンや壁紙の細かい色と柄、もっと言えば、どこのカーテン屋さんがいつ取り付けに来て、そのとき、親とお店の人が話した内容までみな再生できるとのこと。それだけでなく、幼いときに浴びせられた親からの厳しい言葉とその日付、親の仕草など、ビデオで撮ったそのままのように覚えて、巻き戻しもできるそうです。それは、何かの出来事と紐付くなどのきっかけによって、そのとき、その場所に完全に戻ってしまうということです。

優秀で、言語能力が高く、さまざまなことで成功している彼女でしたが、自己肯定感は低く、知人のセラピストからリファラル（紹介）されたときには、すでに2度ほど命を断とうと試みていました。しばらくカウンセリングを行った後、投影物語り法を試みることにしました。

Aさんがつくった「ホッピー君の物語」

ホッピー君（ロボット）は6歳の男の子。携帯ショップで働く以外、お店の裏の倉庫でいつも一人で寝ています。朝8時になると自動でスイッチが入り自分で倉庫からお店に出勤します。携帯ショップをぐるぐる歩いて「イラッシャイマセ　コンニチワ　ボク、ホッピーデス」とご挨拶するのがお仕事です。

そんなホッピー君ですが、ホッピー君にはたった一つの楽しみがありました。毎日、お店の窓辺に来るハトのポポちゃんに会うことです。近づいていくと逃げてしまうので、いつも少し遠くからポポちゃんのことを見ていました。

「モットソバニイキタイ、オトモダチニナリタイ……」。でも逃げちゃうから近づけないホッピー君です。〝ポップコーンアゲテミヨウカナ　ソバニキテクレルカナ〟。いろいろと考えて、そんな日を毎日繰り返していたのに……。店長さんは、ある日「ホッピー君差し上げます」という張り紙をお店のドアに貼ったのです。ホッピー君は、古くなってきて、最近少し不具合が出てきていました。それに、デビュー当初は大人気でしたが、お店の人もお客さんも、ホッピー君に少しずつ飽きてしまい、今ではほとんど見向きもされなくなってしまっていました。

いろいろな人が、張り紙を見て話していきます。「もらってく?」「いらんわ」「くれるんだってさ」「デカくて邪魔だよ」。ホッピー君にもその言葉は聞こえています。でも、ホッピー君にとっては、誰ももらってくれないことより、ポポちゃんに会えなくなることのほうが悲しくなるのです。その日の夜から、ホッピー君はポップコーンを窓のところに並べてみました。毎朝やってくるポポちゃんは、その日から1日、1日と、ちょっとずつ近くに来てくれるようになってきました。それはうれしいことでしたが、自分がここに居られなくなると思うと、かえって切ない気持ちがわいてくるホッピー君です。

ある日、とうとう、店長さんと店員さんは「もらい手がなかったら、もう明日処分だな」と言いました。

ホッピー君にとってその日が最終日になってしまいました。しょんぼりしているホッピー君の横で、突然声がしました。「あら、なんて可愛いぼくだこと!」「この子、ここにいらないって?連れて帰っていいのかい?」「おじいさん、この子連れて帰りましょうよ!」

お店にやってきた優しそうな老夫婦がホッピー君をとても気に入り、お家に連れて帰りたいと申し出たのです。

ホッピー君は目の前で起きていることがよくわからなくて不安です。何より大好きなポポちゃんに会えなくなる……と思うと胸がいっぱいになりました。皆にわからないようにそっと窓辺に行きポップコーンを「ポポちゃん、もう会えないね、お別れだよ」と言いながら手に乗せて窓から手を伸ばすと、ポポちゃんがどこからか飛んできてホッピー君の手から初めてポップコーンを食べたのです！　ホッピー君の目からは一粒の涙がポロリとこぼれ落ちました。

ホッピー君は大きな箱に詰められます。そして、呼んでもらったタクシーに老夫婦と一緒に乗って鎌倉の森の中にある古い洋館に連れて行かれました。

箱から出されたホッピー君に、ハイカラなおじいちゃんと優しいおばあちゃんは「ホッピー君、これからはここが君のお家だよ」「ホッピー君、ようこそ。疲れたしお腹すいたわね」と言いました。ホッピー君はびっくりしました。そんな優しい言葉をかけられたことなんて一度もなかったからです。

丸いテーブルに椅子。ホッピー君もきちんと椅子に座らせてもらいます。ランチョンマットの上に、ナイフとフォークおままごとのごはん、デザートまでちゃんと置いてくれます。三人で仲良くお喋りをしながらのお食事です。ホッピー君は何もかも初めてでびっくりしています。

からだの不具合は、知り合いの電気屋さんを呼んで直してもらいました。

おじいちゃんとおばあちゃんは「ホッピーは公園に遊びに行ったことあるの？」「コウエン

「お……？　ナイデス……」「どこにいって遊んでたのかい？」「ドコニモ……」「それはいかん‼」「おじいさん、三人でお出かけしましょ！」「そうだ、いろいろなとこに連れていってやらんとな」おじいちゃんとおばあちゃんは、海を見に行こうと、ホッピー君を車に乗せて海に連れて行ってくれたのです。ホッピー君は初めて見る青くて広い海にびっくり。それは、初めての感覚です。なんだか、胸のあたりがフーッと熱くなりました。「ホッピー君、これが海だ！」「青くて、広くて、気持ちが良いでしょ」「スゴイ、アオイ、ヒロイ……」

お家の広いお庭や森、公園に連れていってもらって遊んだり、毎日三人で一緒にお食事をしたりお茶の時間を過ごしたり。そうしているうちにプログラムされた少しの言葉しか喋れなかったホッピー君は、「海って広いね」「このカレーおいしい！」「このお花きれい！」「おじいちゃん、おばあちゃんだいすき！」「すご～くたのしい‼」と感情も豊かになり、どんどん言葉も覚えていきました。おじいちゃん、おばあちゃんもホッピー君が可愛くて可愛くて、自分たちには子どもがいませんでしたが、新しい家族の贈り物をもらったみたい。凄く幸せで若返ったみたいです。

ホッピー君も二人に愛され、海に行ったり、山の中を歩いたり、初めての体験をたくさんして、楽しい毎日を過ごしていました。でも、大好きなポポちゃんのことは忘れられないのです。

夜になると、そっと外に出て、ウッドデッキの手すりにポップコーンを並べています。ある夜、それを見つけたおじいちゃんが訊ねました。「ホッピー君、夜、お外に出て何をしてるんだ？風邪を引くぞ」「お、おじいちゃん、ぼ、ぼくね、ハトのポポちゃんを待ってるの」

おじいちゃんは「鳩が好きなのか」と言いながら、ホッピー君を屋上に連れて上がりました。そこには、大きな鳩小屋がありました。鳩レースに出るたくさんの鳩たちが小屋の中にいます。「好きな鳩がいたらどれでもお前の鳩にしたらいいぞ、どうだ？」「ありがとう。でも、ぼくの友達のポポちゃんはいません……」「その鳩は足輪を付けていたかな」「はい、ここのハトとよく似てる緑色の輪っか」「そうか、じゃ待っていたら帰ってくるかもしれんぞ」

さて、その翌朝、鳩小屋の窓を全開にして小屋の鳩をみんな外に放しながらおじいさんは「いいか、みんなポポちゃんを連れて帰ってくるんだぞ！」と言いました。

夕方になっておじいちゃん、おばあちゃん、ホッピー君は屋上の鳩小屋の横に立って、次々と帰ってくる鳩を見上げて待っています。そうしていると、一羽の鳩が、大きく円を何度も何度も描きながら、少しずつ少しずつ近づいてくるではありませんか！

ドンドン、ドンドン三人の元に近づいてくる一羽の鳩。「あー！いたっ！　ポポちゃんだ！」

赤い夕陽の中、おじいちゃんとおばあちゃん、そしてホッピー君。緑の足輪を付けた鳩が大きく旋回しながら、夕陽の中に高く掲げられたホッピー君の手のひらにヒラリと舞い降りました。そして、その手のひらのポップコーンを食べたのです。真っ紅な夕陽の中に、くっきりと浮かぶ、おじいちゃん、おばあちゃん、ホッピー君とその手にとまる鳩のポポちゃんです。

肯定的な物語をつくってからの変化

この物語をつくって、Aさんは随分と回復されました。とくに印象的だったのが、ホッピー君のストーリーのラストシーンを一緒につくったとき。彼女の目に涙が浮かんでいたようでした。そのときのことを思い出すと私も涙が出てしまうのですが、「彼女に何かが起きた」ように感じました。物語を紡いだのはたった1回でしたが、その後、服薬していた精神薬の量が少しずつ減っていきました。鈍麻にならざるを得なかった感情も動き出し、今ここにあるものを感じられるように。そして「感情は感じて、表してよいもの」という風に変化されたように思います。

Aさんが、物語を紡いでしばらくしてから変化したことを話してくださいました。

「以前は、TV・映画の中で、生々しい手術シーンや、『痛そう!』と人が目を覆うようなシーンでも自分が痛みを感じたりしたことはなかったです。でも、今は、画面を見ながら、『痛っ!』

と感じます。目の前で、知り合いの小さな子どもが転んで、大泣きすると自分のからだにも痛みを感じるようになったんです。これが痛みなんだってわかりました」

「以前の世界は、モノクロで、歪んで見える感じだったかな」「家族の概念……父や母、兄弟は家族ではなかった。家族はほしかったと思うけれど、いつか必ず失うし、切れるものっていう確信みたいなものがあった。だから、親しい人を家族って思うようにしていました。いつ切れても傷つかないで済む……そんな風に思っていた」「今がいちばん良いって思います。以前は、廃人だったから、生きているとは言えませんでした。何ていうか、マイナスのマイナスだったのかな。カウンセリングと投影物語り法でゼロになって、そこからプラスが少しずつ加えられてきた感じ」

ご主人も「妻は、以前より随分回復したと思う」とおっしゃっていました。成育歴から考えると当然ですが、彼女はお母さんに対して「お願いだから私を見て」と、愛を乞うような思いが強かったように感じました。ポンコツで処分されそうなロボットというストーリーからも、どんなに優秀で仕事ができても、自分自身はポンコツだと感じ、自己肯定感が低かったように思います。肯定的な物語をつくられたことで「私の家族は夫と私。今、ここが家庭なんだ」と切り替えられたのでしょう。ホッピー君は、彼の価値を評価できない人々に囲まれた場所から、価値を評価できる人のいる、つまり無条件の愛の満ち溢れる場所に移ることができたのです。そこは、皆が愛を受けるほうにも、与えるほうにもなれる素敵な場所。皆が良いものをドンドン引き出される場所です。だから幸せになれるのです。Aさんは自分自身の見方を変えて、ホッピー君のようにその場所を見つけ、今までの苦しみにも意味を付けられたのだと思います。現在のAさんは、うさぎに子猫ちゃんと家族も増え、毎日を少しずつ楽しまれるようになっています。カウンセリングも、一応終了に。3、4カ月に1回、Aさんからその間の出来事の報告を受けるという形になって、随分と回復されました。

投影物語り法を体験しての気づき

クライエントだけでなく、相手が紡ぐ話をまずは尊重したいと思うようになりました。相手の言葉を否定しない。違和感を持つ場合には、〝その言葉を選択した理由をまず尋ねてみよう〟と意識するようになりました。その言い方を選んだことには何か理由があり、隠れているものがあるという前提で質問をするのが、聞き手としての役目であり、大事なところであると学びました。また、人の話を聞く態度も変化したと思います。カウンセリングであれ、投影物語り法であれ、できるだけ五感を使いたいと思うようになってきました。物語をつくるときも、映画のように色や香りを感じるような質問を投げかけてあげたほうが良いですし、それを横で自分も感じ、確認、共感し合いながら行うのがまず大切です。

そして登場人物の歴史や背景を一緒に考えていくうちに、「このひと言を足すともっとわかりやすくなるね」などとお互いにアイディアを出し合っていくと、しっくりくる何かが見つかります。そうしていくと、クライエントとの間で、何かあたたかいもの、無条件の愛のようなものが感じられたり、新しいストーリーが生まれたりして、出来事のつながりに気づける瞬間が生まれてくるようになります。

日々の出来事を「一応」ハッピーエンドにして終わらせる

私には、心傷つけられる家庭環境で育ってきたのに、とても優しくて心がきれいな友人Bさんがいます。いつもいろんな人を気遣って、私のこともほめてくれる大切な友達です。どうしてそんな風にいられるのか。子ども時代についてBさんの話を聞いていたら、一つのヒントが出てきました。彼女は昔からぬいぐるみをいっぱい持っていて、今でも彼女の家のベッドの上にはたくさんのぬいぐるみがあります。ぬいぐるみには名前があり、それぞれの子たちの持っている性格、生活背景（ほとんどみんな、優しくて彼女の味方だそうです）があり、それぞれのストーリーもあるそうです。

そんなBさんは、子どもの頃から夜眠る前に必ずベッドの上で、ぬいぐるみたちに1日の出来事をお話ししていたそうです。「今日はね、お母さんに叱られちゃったんだよ……」と彼女が言うと、ぬいぐるみのカエルが「Bちゃんは絶対悪くないよ、お母さんがおかしい！」と言って、他の子たちも「そうだそうだ」とみんなで言うそうです。「そんなの、気にしなくていいよ。もう、一緒に寝よう寝よう、明日は何して遊ぼっかねー」と、ぬいぐるみたちとお話しして、ベッドで一緒に寝ていたんだ、と話してくれました。そして、「実は今でもやっているんだ。何か癒やされるんだよね」と笑っていました。

彼女は子ども時代から、ぬいぐるみを使って自分で安心安全な場所をつくって、1日の辛い物語をハッピーエンドにして眠りについていて、今でも同様にそれを行い続けています。だから優しくて、子どものように心が純粋なまま、でも、子ども時代の傷や痛みを引きずらずに幸せでいられるのです。本来、安心安全な場所をつくるのは親の役割です。夕食のとき、食卓を家族で囲みながら子どもが「今日こんなことがあった」と話したら、親が「悲しかったね……でも、大丈夫だよ、明日は平気だよ。お父さんお母さんがついてるよ」と慰めてあげて、悲しいストーリーを終わらせてあげられると、子どもはゆっくり眠れる。子どもの帰る家庭が安心安全な場であること。これが、ハッピーエンドストーリーをつくり出してあげる意味なのだと思います。

私たちには、日々さまざまなことが起こりますが、消化不良の出来事をそのままにせず、できればハッピーエンドにして終わらせていく。即座に答えが出ることばかりではなくても、「大丈夫、大丈夫！」と自分自身を慰める、「きっとうまく収まるよ」「一緒にうまくいくように待っていようね」と家族や誰かが励ましてくれて、そうして1日をちゃんと終わらせるというのはとても大事なことだと思っています。

投影物語り法の感想

クリスチャンの私の立場からすると、無条件の愛とは、理性的なんだけども愛にもあふれていて、とてもバランスが良いものです。感情や好き嫌いに引っ張られない。

また、「真の愛はその人の良いものを引き出す。真の愛でなければ、一見良さそうに感じても嫌なものが出たり、変な投影が起きたりする」ということを一緒に働く精神科の医師から教わりました。私がクライエントと向き合うときには、私自身の良くない投影が出ることもあり得ます。投影物語り法に限らず、セラピーの際はそこに気づいている必要があり、注意が必要です。できるだけクライエントの良いところを見たり、可能性やレジリエンスに集中したりすると、私自身の変な投影が抑えられて、良いものを引き出せるのかなとも考えています。

江夏亮からのコメント

Yさんの体験をお聞きして、私自身が気づかなかった投影物語り法の側面を学ばせていただきました。単に脳内でトラウマの記憶を結びつけるといった要素だけではなく、クライエント自身が人生をより広い範囲で一度見直して、それを統合し、良い方向へと進みうる体験にもなるのだと感じました。

また、聞き手（セラピスト）の力量によってさまざまなことが起こり得るというのも改めて感じています。ホッピー君の物語をつくったケースでは、Yさんとクライエントとの良い関係性があってこそ起こったことです。両者の深い結びつきがあれば、「そういうことが起こる」と知った驚きとうれしさでいっぱいです。この仕事をやっていて良かったという思いです。

ケーススタディ②

「一人の人間のより深い部分、とても大切なものに出会ったような感覚」

Hさん（女性・50代）

【経歴】心理カウンセラー。SE™（Somatic Experiencing®）プラクティショナー。臨床歴4年。家族問題などによりトラウマを抱え、それを解消するために心理の世界へ。10年ほどゲシュタルト療法の研究会で活動後、独立。個人カウンセリングやセミナーを提供するほか、身体心理療法を中心としたグループワークショップも開催。障害者支援相談事業所の利用者や支援者へのサポートなども行う。

安全にトラウマを解消する方法

江夏先生からは、もう10数年ほど心のことを学ばせていただいています。最初は、ゲシュタルト療法の研究会で夢のワークをしていただきました。後にポリヴェーガル理論を教えていただき、緊張や恐怖のメカニズムを知ったのは衝撃的でした。

投影物語り法を受講しようと思ったのは、ゲシュタルト療法などで問題に向き合おうとしてもクライエントがフリーズしてしまって、そこから先に進めない、ワークの後、数日にわたって疲労が続くことがありました。もう少し安全にセッションをする方法を考えていた中で、投影物語り法で安全にトラウマを解消する方法があるのだと知って、この手法に惹かれていました。

からだが固まる感覚

これまでたくさんの物語をつくってきました。初めて行った投影物語り法は、江夏先生が聞き手（セラピスト）です。そのときに扱ったのは、前日にドミトリーホテルに泊まったときの出来事がもとになっています。

私が4人部屋のドミトリーにチェックインして部屋の扉を開けると、3人の外国人の方が「ハロー！」と満面の笑顔で明るく元気に迎えてくれました。ドミトリーなので宿泊部屋に誰かがいてもおかしくないですし、にこやかな笑顔で手を振ってくれていることにも気づいていました。でも私は心臓が止まるほど驚き、言葉を詰まらせながら小さく返事をして、ささささっと逃げるように2段ベッドの階段を駆け上りました。そして、ベッドを囲うカーテンをピシャッと閉めて、ドキドキしている自分を落ち着かせました。

ほんのわずかな時間の出来事でしたし、笑顔で迎えてくれて恐怖することでもありませんでしたが、「階段を逃げるように駆け上る感覚」と「息を潜めて身体をぎゅっと縮めながら固めて隠れているような感覚」、〝これを私は昔から知っている……〟と思いました。とても不思議な感覚だったので、江夏先生にこれをテーマにしたいと伝えました。

「隠れたい子ちゃん」の物語

江夏先生から「この感じにふさわしい主人公のニックネームは何ですか？」とやりとりをしていくと、「隠れたい子ちゃん」というニックネームが浮かんできました。このニックネームをつけて言葉にすると、家に居場所がなかった子どもの頃の私を思い出し、からだが固まる感覚に気づきました。江夏先生はセッションを一時中断して、私に呼吸を促しました。すると、またからだを強く固めて、呼吸が浅く、大きな恐怖に圧倒されていることを自覚しました。そして、幼い頃に、兄にプロレス技をかけられたり叱られたりしないように逃げたり、からだを固めたりしている私を思い出しました。ドミトリーで感じた「階段を逃げるように駆け上る感覚」は、〝やばい、お兄ちゃんがいる。逃げなきゃ〟と反射的に感じていたものと同じだったのです。

それから「反対の極の物語」として、隠れたい子ちゃんがどうなったら幸せになれるかを考えていくと、日本家屋に住む近所のおじいさんのイメージが浮かびました。隠れたい子ちゃんはそのおじいさんの家の縁側で日向ぼっこをしたり、近所の子どもたちと遊んだりしていました。おじいさんは、子どもたちが自由に遊んだり立ち寄ったりすることを許していて庭の手入れをしています。これは、隠れたい子ちゃんが縁側で日向ぼっこをして日の光のぬくもりを感じながら昼寝をしているだけのストーリー。それでも私のからだは、日の光のあたたかさを感じてホッと落ち着いていきました。

その後、日常で抱えていた問題が解決したということはありませんでしたが、ある変化が起こりました。見知らぬ場所などに出かけると、恐怖感や緊張感が強く出ていたのが薄れていいたのです。これらの感覚が強く出てくるときに、隠れたい子ちゃんが縁側で日向ぼっこや庭で遊ぶイメージをすると、呼吸が深くなり、すぐに落ち着くようになりました。「自分の心の中にあたたかい場所があるというのは、とても安心できるんだ……」ということを後々になって知ったセッションでした。

井戸の中のカエル君

それから少し期間が空いて、ときに起きる「憂いている感じ」をテーマに「井戸の中のカエル君」の物語をつくりました。井戸の奥底でカエル君くんは何度ジャンプしても外に出られず井戸の中にいる日々を過ごしています。夜になると井戸のすぐ近くにある川沿いの柳の下で、夜空の月を眺めながら、悲しみと自分の無力さを静かに憂いているのがお話の出だしでした。

この物語をつくっていく途中、「あれ!?　夜は井戸の外に出ているじゃん！」とハッと気づいて笑ってしまいました。この後、カエル君の「反対の極の物語」はとくにつくらず、井戸を出ることも戻る力もあったと気づいた、という結末となりました。「私には、出るのも戻るのも選択して決めて行う力があると思えました」という感想を聞き手（セラピスト）と分かち合うと、〝もうこれからは必要以上に憂うことはない〟という思いが不思議と腑に落ちました。

隠れたい子ちゃんもカエル君の物語も問題の解決には至ってはいないですし、辛い場所から離れてはいません。ですが、「今の場所から出ていく力」を取り戻すために必要な休息ができる場所ができ、気づいていなかった自分の力を認識することもできました。

魔女と呼ばれた女の子

さらに時間が過ぎ、繰り返し浮かぶ映像イメージをもとにして、『魔女と呼ばれた女の子』というストーリーをつくりました。ある村で少女が火あぶりにされるために木にくくりつけられています。私のイメージの中の女の子は、火あぶりにされる怖さや悲しみなどの感情はなく、はりつけにされた感覚と、火の向こう側にいる人々の恐ろしい形相をただ見ていました。

しかし、少女のイメージは浮かんでも、前後のストーリーが浮かびません。このときはグループワークショップだったので、参加者の皆さんが「こういう話の続きはどうか」と内容を提案してくれ、私は「この展開はしっくりきます」などと返して、話をつくりました。

こうしてできた物語は、薬草の知識に長けた少女が村の人たちを癒していたけれど、徐々に邪魔者扱いされ、魔女と呼ばれて火あぶりにされることになったという内容。反対の極の物語では、雨が降ってきて火あぶりの火が消え、「この子は悪くない！」とかばってくれた周囲の人たちの助けもあって少女は命を救われます。その後、少女は村の外れに住み、村の人たちと交流しながら幸せに暮らしました。

この物語が出来上がると、小学5年生のときに母が信仰していた宗教と決別（脱会）をしたことを思い出しました。そのとき私は、母と信者の大人五人に囲まれて、脱会をやめるように何時間も説得され、「お前は悪魔の子だ！」といった言葉を浴びました。この頃から私は、「私は信じてもらえない」「真実を言っても非難される」と思って生きてきました。

その中で、グループワークショップの皆さんがかけてくれたあたたかい言葉や協力。そして女の子が「魔女という濡れ衣」を脱ぐことができた結末。これは、「悪魔の子」と呼ばれた当時11歳の私に必要なサポートとケアでした。そのおかげでこのセッションの後、私の中の他者に対するイメージが変化しました。人を信頼し、力まずに発言や行動ができるようになりました。

3つの物語が表すもの

3つの物語をつなげると、それがひとつのストーリーとしてつながっているように見えました。

行き場のなかった隠れたい子ちゃんは休める場所ができ、井戸の中のカエル君は自分で外に出る力や選択する力を持っていると気づき、魔女と呼ばれた女の子は得た知識や技術を村の人々と分かち合い、地域とのつながりも取り戻す。これは、私の人生の流れとよく似ています。

家に居場所がなくて常に隠れていた私は、心の学びをして生きる力を溜めていき、今は地域の人にワークショップの場を提供したり個人カウンセリングをしたりしています。

江夏先生はそんな私の変化をずっと見てくださっていて、私が心理カウンセラーになる前から、将来誰かの支援をしていくだろうと予感されていたそうです。

乗り物に乗れないクライエントがつくった物語

次は私のクライエントのエピソードです。

彼女は40代の在日コリアン三世の女性Aさんで、乗り物に乗るとパニックを起こしてしまうという悩みを抱えています。車は何とか乗れるけれど高速道路は無理。独身時代は乗れていた飛行機も新幹線も普通の電車も、今は全くダメ。Aさんは「飛行機に乗って旅行に行けるようになりたい」とおっしゃっていました。そこで、乗り物に乗れないことをテーマに物語をつくりました。

物語の主人公は小さな男の子で戦闘機を操縦しています。着陸が危ぶまれる中、強い意志をもってどこかに着陸しようとしているけれど、安全に着陸できる場所が見つからない……。そのようなストーリーが語られました。私と彼女は「彼を無事に着陸させるためにはどんな場所が良いかかな？」といってアイディアを出し合い、主人公は広いレンゲ畑に着陸場所を決めて無事にたどり着くという物語をつくりました。広いレンゲ畑というのは、実際に彼女のおじいちゃんが昔住んでいた木の家の横に広がっていたそうです。そこで、無事着陸したレンゲ畑の横に木の家も加えて、主人公は安全に着陸してその家に住むという物語をつくりました。

逃げ出したい、ねずみ君

あるときの物語の主人公はねずみ君です。ねずみ君は実験室の檻の中にいて、実験の道具にされていました。逃げ出したいけど怖くて逃げ出せずにいます。

そこから話の展開が行き詰まってしまったので、「ただ檻の中で怯えているのではなくて、ねずみ君が何か行動するとしたらどうなるだろう？　何があると助けになるかな？」とAさんにフィードバックしました。すると彼女は「どうしたら良いかわからない、けれど他の捕まっているたくさんの動物たちを置いて自分だけで行くことはできない」と言います。そこで、他の動物を助けて逃げていくという「勇敢なねずみ君の脱出劇」の物語をつくることにしました。すると、「ねずみ君は戦車に乗って檻を壊し、動物たちを助けてみんなで逃げることができた」という物語ができました。一人では勇気や力が出なかったねずみ君でしたが、仲間を助けるという使命を得ると、戦車に乗って果敢に進むことができたのです。

この物語をつくった後だいぶ経ってから、彼女は、飛行機はまだ無理だけど船ならばと思い、家族と観光船に乗るなどの予行練習を経て、船を使って祖父母の故郷である韓国に家族で行ってきたという報告をいただきました。彼女は子どもたちにも船に乗る経験をさせてあげることができ、子どもたちと一緒に喜んでいたそうです。

自分が居ていい場所

Aさんは乗り物への困難さだけでなく、ずっと「自分のホームがない」「居場所がない」というキーワードをお持ちです。実際に、Aさんが幼い頃に住んでいた家は窓が少ない狭小住宅で、居場所を感じられず、家に対して恐怖のようなものさえ感じていたそうです。そのせいか成人して結婚した後にも、住まいを購入しようにも物件を選べなかったり、良い物件を見つけても何かの出来事が起こって白紙になってしまったりという経験をしていました。セラピーに通っていただいているうちに、マンションを購入でき、さらには海の近くの別宅も手に入れました。ですがしばらく経つと、それらの家を手放して「もっと違う場所に家を買わなければいけない」という焦りが生まれます。

そんな彼女とまた物語をつくりました。Aさんは「暖炉のある家に住みたいという思いがずっとある」とおっしゃっていたので、暖炉のある家の物語を創作していき、「火がはぜる暖炉の前に、ねずみ君と幼いAさんが座っている。そうして過ごしているととても安心する……」とAさんはイメージをふくらませていきました。その物語を聞いている私は、暖炉で暖まる幼いAさんとねずみ君の少し後ろの離れた場所でロッキングチェアに座って静かに見ているおばあちゃんの気分になっていました。

しかし彼女は「この家もやっぱり自分の場所ではないという感覚が起きる」と言います。そこで私は、「私は、ねずみ君とAさんの背後でロッキングチェアに座りながら揺られて二人を見守っているおばあちゃんというイメージが浮かんでいたのね。なので、あなたの家ではなくて、いつでも来ていい近所のおばあちゃんの家にしてみたらどうかしら?」と聞いてみました。

するとAさんの表情がふっと変わり、「それもありなんですね」「自分で家をなんとかするのではなくて、人の家でもいいのか〜」と彼女は返しました。「私が頑張って家を買わなくても、私が居ていい場所」ともおっしゃって、からだがゆるむ感覚が生まれたそうなので、「暖炉があるおばあちゃんの家にいつでも来ていいよ。おばあちゃんが不在のときはどうする?」と聞くと、「玄関の横に花壇があって綺麗に花が咲いてるの。そこにある鉢植えの下に鍵が置いてあって、いつでも家に入ることができる」と楽しそうに付け足して、Aさんの心もからだもいっそう落ち着いて明るい表情になっていきました。

命をかけて日本に移住してきた祖父母の歴史

こうして彼女といくつもストーリーを紡ぎ上げていくと、「居場所がない」「怖い場所から逃げる」「戦闘機」「戦車」「安心できる自分のホームがほしい……」というキーワードが浮かび上がってきます。

それらを一つの像として結ぶ出来事として、100年近く前にAさんの祖父母が韓国(当時の朝鮮)から日本に渡って来ざるを得なかったことが表れてきました。

彼女の祖父母はそれぞれ10代のときに、祖国や家族と今生の別れをして日本にやってきました（密航ではありません）。

当時の船では無事に海を渡りたどり着く保証もないですし、無事に渡れたとしてもまた帰るということはほとんど不可能です。今生の別れというのも頷けますし、まさに帰る家が無い状況です。そんな状況ですので、必ず生きて暮らしていける場所に到着しなければならない、そして新しくたどり着いた場所で生きていかねばならないという命をかけた強い思いを持ってきっと船に乗って着いたとでしょう。ここまでくると「強い意志をもってどこかに着陸しようとしている戦闘機を操縦する少年」の強い意志の深さも増します。

投影物語り法では、先祖のトラウマなどを子孫が抱えていることがあるとも学んだので、「今あなたが感じている恐怖や思いは『あなた自身のものではない』ということもあると言われているよ」と伝えました。すると「それはピタッと当てはまる。そういったものが私の中にあると思う」とAさんは言葉強く言いました。

また、当時の朝鮮の人は、政策により本名も同時に奪われました。ここにも、自分のホーム（家）がない・自分のホーム（家）がほしいという思いが重なるとAさんは言います。

歴史を遡ると、20世紀初めの日韓併合によって朝鮮半島が日本の植民地となり、土地や仕事を失った人々が、労働者として海を渡らざるを得なかったそうです。Ａさんの祖父母もそうして日本にやってきました。Ａさんは祖父母からその話を直接聞いたことはありません。その祖父母から生まれた父と母から間接的に聞いたり、本や歴史で学んだりしたとのことです。

彼女の困りごとと物語には祖父母の人生が関係している証拠はありませんが、父方の祖母は何度となく引っ越しを繰り返したこともあったそうです。事実が事実ではなくても、他人が気のせいだと否定しても「その人の中のストーリーや感覚は、その人にとっての本物」です。「その物語が存在する」ということは認めざるを得ないものなのだと深く感じました。そして何よりも、恐怖や居場所のないさみしさの根源に気づいたＡさんの中で、わずかながらもそれが和らいだことに意味があると思っています。

自分自身との距離をとって自分を眺める

Ａさんへのセラピーは現在も継続中です。気持ちがかき立てられるようなパニックの症状は徐々に落ち着いてきています。パニックになっても受け入れながら自分で対処する準備もできるようにもなっています。もちろん、私とのセッションだけでなくＡさんご自身がいろいろな治療法や対処法を調べて体験されているのも回復の助けになっていると思います。

Aさんは「問題と距離をとりながら物語をつくっても緊張や恐怖などのからだの反応は起こってしまうけれど、物語の結末が怖くないから安心してセッションできる」とおっしゃっていました。投影物語り法で安全にセッションをできることや、変化の手応えを彼女自身も感じているようで、とてもうれしく思います。

Aさんと物語をつくる中で、戦闘機や戦車など彼女自身は体験していないようなことがストーリーとして現れてきて、一人の人間のより深い部分、とても大切なものに出会ったような感覚です。それは今目の前にいらっしゃる彼女が存在している奇跡、先祖が命をつないできてくれたという「生命の生かし合い」に触れさせていただいていると思えて、命の尊さと言葉にできないほどの感謝を感じています。

また別に、投影物語り法を体験して学んでみて思うのは、この手法には心理カウンセリングや誰かの支援に応用できる要素がたくさんあるということです。

例えば、クライエントは多くの場合、虐待やネグレクト、性被害を受けたとしても、被害者である自分を責めています。「自分が悪いからお父さんが殴った」などと強く思っていたりします。クライエントが「私なんか……」「私が悪いのだけど……」とおっしゃることがあったら、セラピストはこんな風に言ってあげてみてもいいかもしれません。「そんな辛い気持ちになっている人が、自分の大切な友達や近所の幼い子どもだったとしても、同じようにその人が悪いと思うかな?」と。自分自身と距離をとって自分の状況を眺めてみると、悲しくなったり怒りたくなったりしても仕方ない事情があると気づけます。「仲の良い友達がそんな目に遭うなんて。友達は何も悪くない」「小さな子どもに対してそれはひどい。大人が守ってサポートやケアをしてあげなくては」と思うでしょう。投影物語り法にはそんな活用の仕方もあって、日々のセラピーで助けられています。

江夏亮からのコメント

在日コリアン三世のAさんのような「世代間連鎖」が問題に関わっている場合、一般的なカウンセリングだけでは先祖の個人史の問題はほとんど出てこないので扱えません。しかし、投影物語り法であれば、物語の時代背景や主人公の設定の自由度などを上げることで、原因が浮かび上がってくることがあります。

ただし、物語をつくるときに世代間連鎖の問題を引き出そうという意図を働かせるとうまくいきません。クライエントが困っていることを出発点にして、それが一度ゾーンに入れば、自然と必要なテーマが浮かび上がってプロセスが進んでいくのでそれを信頼すること。パニックに悩む方であれば、パニックの具体的な症状をテーマにして物語として外在化していくと必要なテーマが現れていきます。そして、クライエントの心象風景の中にある人物像がどうなりたいのかという風にストーリーをつくっていけばいい。

また、今回のケーススタディでは、話し手において「ストーリーが行き詰まる」ということがありました。これはよくある現象で、だからこそサポーター（セラピスト）が必要なのです。最初は喋ることができない子どもも、声を出して、親が言葉を返してくれることで少しずつ話し始めて、物事を理解するようになっていくわけです。投影物語り法を一人で行うこともできますが、やはり誰かが一緒にいるほうが良いです。誰かに自分の思いや物語を言葉にするとプロセスは進んでいきます。これは私たちが人間である所以ではないでしょうか。

ケーススタディ③

「自分に優しく接することができる感じ」

Hさん（女性・60代）

【経歴】看護師。産業カウンセラー。臨床歴10年。1995年からゲシュタルト療法を始めとする心理療法を学び始め、自分自身が癒された経験からボランティアでカウンセリングを始める。看護師を定年退職後に、月に2回ほど看護学校での相談業務に携わることに。その他、個人で友人知人にカウンセリングを行っている。

「外在化」の素晴らしさを実感

投影物語り法を受講したのは、江夏先生の優しくてあたたかいお人柄もあるのですが、きっかけは、2014年頃に、江夏先生が「問題を外在化して悩みごとの解決ができる」ということを心理療法の研究グループで教えていらっしゃったことです。その頃はまだ投影物語り法はなくて、私は「外在化」によって、自分自身から少し距離を置けることを学びました。思えばそれが投影物語り法に触れた最初ですね。

その頃から、投影物語り法で使う外在化の素晴らしさを実感していました。とくに印象的だったのは、自分と距離をとって他者のように自分を扱うと、自分に対してとても優しく声をかけてあげられたことです。自分に「大丈夫だよ」と言えると誰かから大切にされた感じになる。外在化をすると、形式ばらずにカウンセリングができるのもあって、相談業務でもこれを取り入れていました。

投影物語り法によって、傷ついた体験を再体験することなく新しい人生を歩めるような物語をつくれるというのは、とても魅力的だなと思いました。

誰にも頼れない自分を物語にする

自分自身の物語をつくったときには、「誰かに頼らず自分でどうにかしようとすること」をターゲットにしました。

あるときのこと。自動車で狭い道を走っていたら車体をこすってしまい、そこから自宅まではまだ30キロほどありましたが、走っているうちに車からガタガタと音が……。何とか自力で帰りましたがとても大変でした。

その話を友達にすると、「どうしてJAFを呼ばなかったの？　そんな状況だったら普通はJAFを呼ぶよ」と言われました。でもそのとき、私は助けを呼ぶという考えがまったく浮かばなかったんですね。友達にそう言われて、改めて、自分が普段から人を頼らず、自力で何とかしようとしていることに気づきました。だからこれを物語にしてみようと思いました。

家の手伝いをする「頑張るん子ちゃん」

物語の主人公のニックネームは「頑張るん子ちゃん」。主人公は、終戦後の日本の大きな農家に住む10歳の女の子。両親と姉、弟、妹、自分の6人家族です。

彼女の母親は頑張り屋で、仕事と家事育児をこなしていて、「できない」ということを口にしない人でした。この設定は自分の原家族と似ています。ストーリーをつくりながら、物語が自分の話と自然と結びつくのだなと思いました。

両親はからだが丈夫ではなかったので、それを心配した頑張るん子ちゃんは率先して家の手伝いをしていました。ところが男子の後継ぎが欲しかった両親は、折に触れて頑張るん子ちゃんに「お前が男の子だったら良かったのに」という言葉を投げかけました。また、母親は、頑張るん子ちゃんの前で別の家の子を褒め、頑張るん子ちゃんをさらにがっかりさせました。物語の前半はこんな内容です。

次に、「反対の極の物語」では、頑張るん子ちゃんの家に農業機械が導入されるストーリーをつくりました。機械が運ばれると、両親は子どもたちを集めて、機械の動かし方を説明しようとしました。しかし、機械に興味がない姉や弟、妹は、話の途中で遊びに行ってしまいます。頑張るん子ちゃんだけが機械に興味を持って、わくわくしながら機械の使い方を聞きました。父親は農業機械の助手席に頑張るん子ちゃんを乗せて畑を耕しました。頑張るん子ちゃんは助手席から妹や弟たちに向かって得意そうに手を振りました。

父親は農業機械を手に入れたことでからだの負担も軽くなり、機械を使って笑顔で畑を耕すようになりました。母親は、夫のそれまでにはなかった余裕のある姿を見て、「お父さんすごいね」と頑張るん子ちゃんや子どもたちに話しかけました。

この農業機械は当時は最先端の機械だったため、農協からの補助金が9割出て、自己負担は1割で済みました。機械の導入によって仕事が楽になり、夕食時には家族で食卓を囲めるようにもなりました。

父親は「今まで手伝ってくれてありがとうな。これからは友達と好きなことをして遊びに行っていいよ」、母親は「今まで苦労をかけたけど楽になると思うよ」と言いました。頑張るん子ちゃん一家は、みんなで出かける時間も増え、笑顔が絶えない家庭に変わりました。

父親はたくさんの知恵を持ち、母親は料理が得意な人だったので、頑張るん子ちゃんは生活の知恵や料理について両親に教わって一緒にやってみました。教えてもらったことを楽しんでいると、両親は「上手だね」と言ってくれて、頑張るん子ちゃんはその後も楽しく暮らしました。

物語をつくることで、穏やかな気分になれた

この物語をつくった後、穏やかでゆったりした気持ちになりました。「自分が頑張らなくちゃ」と気を張っていたところがなくなって、今までもずっと好きなことをしてきたけれど、「もっと楽しい自分」に変化したと思います。夫にも無理をしないで頼みごとをするようにもなりまし

た。それまでは何か困ったことがあっても、「誰かに頼ろう」という考え自体が浮かばなくて、「自分で工夫して何とかする」という考えしかなかったのです。

自分が話し手となってストーリーを紡ぐことを通して、頼れない自分の「成り立ち」を理解できました。そして、そんな自分になった過程も、前半の物語を丁寧につくることで癒している感覚も味わいました。でも、「なんでこんな自分になってしまったんだ」と責める気持ちはありません。そうではなく、「大変な事情があったんだね」と自分をわかってあげられた気分です。不思議なことに、この物語について話している今も、自分に対して優しくなっている感じがしています。

頼まれると断れない「頑張り君」の物語

私は知人や友人に頼まれたら投影物語り法を行っていて、30代の自分の息子に対してもセッションを2回を行いました。このような深刻なトラウマなどではない、日常でよくある悩みにも投影物語り法は使えます。

息子の悩みは、2回とも仕事に関することです。1回目のときには、息子は職場で板挟みになっている苦しさを味わっていました。同僚や部下は自分の意見を絶対に曲げない人が多くて、リーダー役の息子は、両方の話を聞かなくてはならず、モヤモヤしていました。息子はどんなに忙しくても他人から頼られると、つい引き受けてしまうところがあるのです。

1回目は「頼まれると相談や仕事を引き受けてしまうこと」をテーマに物語をつくりました。主人公は、明治時代の日本に住んでいる20歳の書生です。彼には「頑張り君」というニックネームを付けました。真面目な性格で誠実、言われたことは一生懸命する主人公です。

頑張り君のお父さんは、頑張り君と同じく真面目な人で、頑張り君が5歳のときに病気で亡くなってしまいました。お母さんは、夫が亡くなった後、自分で物をつくって売って、一人で家計を支えていました。

頑張り君は生活のために無理して働いている母の姿を見て、自分が少しでも支えなければならないと思っていました。ですので母に頼まれたことはすべて行い、幼いながら家事全般を担っていました。頑張り君は自分が家事をやらないと生活ができないし、母が苦労して育ててくれたのだからいつか恩返しがしたいと思っていました。

20歳になると、頑張り君は住み込みで働き、そのかたわら勉強に励みました。しかし雇い主は頑張り君がどんなに多忙でも、関係なく用事を言いつけてきました。雇い主が言いつける用事は難しい注文が多く、期待に応えられないと解雇されてしまいます。頑張り君は、収入が断たれると学問も親孝行もできなくなってしまうので、苦しくても用事を引き受けていました。

「反対の極の物語」では、頑張り君のお父さんもお母さんも健在であるという筋書きに変えました。頑張り君の両親は団子屋を営んでいて、店の評判も良く、繁盛している。頑張り君には妹が二人居て、彼は妹たちの面倒をよく見ていました。妹たちはそんな兄を慕っていて、頑張り君とともに団子屋の手伝いもしてくれました。

頑張り君が店の手伝いができないときに、両親にそれを伝えると、「無理しなくていいよ」と言ってくれました。頑張り君は、両親に自分の意思をきちんと伝えられるようになり、両親もそんな頑張り君の成長を頼もしくさえも感じてくれました。

団子屋が繁盛しているので、頑張り君は学費を心配する必要もなく、興味のある学問を突き詰めることができるようになりました。「学者になりたい」という夢を抱いて楽しく学校に行っている、ということで、物語は幕を閉じました。

「自分を生きてこなかった」という気づき

「俺は自分を生きていなかった」。物語をつくり終えて、息子はこう言いました。物語をつくる前は「会社を辞めるか辞めないか」といった具体的な話もしていたのですが、「自分を生きていなかった」という芯の部分に気づけさえすれば、この子なら後はどうにでもできると思いました。この言葉を聞いてとても安心しました。

8カ月ぐらい経ってから、息子は退職しました。ところが「どう決断したとしても、決断した後でいつも後悔してしまう」と息子が言うのです。

「今でも会社を辞めたことを後悔しているの?」と聞くと、「そうでもないんだけど、何をやっても、いつも何か決めた後で後悔する自分がいると思うんだよね」と話してくれました。そこで、もう一度物語をつくってみようということになりました。

自分の選択を悔いる「後悔君」の物語

2回目の物語の時代設定は、前回と同じ明治時代の日本です。12歳の男の子で、真面目で親切、誰かが困っていると助けたいという性格です。とくに自分より小さかったり弱かったりする子に対して気になるようでした。ニックネームは「後悔君」になりました。

後悔君は、自分の思ったことを言うのをいつも躊躇してしまうという悩みがあります。家族構成は自営業をしている両親と弟妹、祖父母です。

父親は礼儀や挨拶に厳しく、母親は父親を立てる優しい人で、父をフォローして見守っている。彼は4人弟妹で、本人が12歳、弟5歳、妹3歳、弟1歳でした。父は以前は会社勤めをしていましたが、その会社の上司が間違っていることを後悔君が指摘したことが原因で、父親が会社を辞めざるを得ない状況になりました。両親は自営業になって多忙になり、後悔君は弟妹の面倒を代わりにみていました。後悔君は長男なので弟妹の面倒を見るのは当然であると両親は思っていました。

ところが、後悔君が弟妹を連れて遊びに行ったときに、そのうちの一人が後遺症が残る怪我をしてしまいました。後悔君は弟妹を遊びに連れて行ったこと、さらには自分の正義感が原因で父親が会社を辞めなければならなくなったことにも罪の意識を感じました。自分が思っていることを言わなければよかったと激しく後悔する一方で、間違っていることを指摘しなかったらそれはそれでモヤモヤすると考え直しました。どう決断してもそれで良かったのかと思ってしまう、と後悔君は思いました。

次に「反対の極の物語」をつくることになり、私は「自分で決断したことに自信が持てるといいね」と息子に言いました。

すると息子はこんなストーリーを語り始めました。後悔君の両親は自営業なので日中は仕事を一生懸命するけれど、家族の団らんを大事にして、夕食はいつも一緒に食卓を囲んで、お互いに1日の出来事を話すようになった、と。

父親は笑顔で後悔君の話を聞いてくれて、やりたいことを伝えると心から応援してくれました。後悔君は安心して話ができて、夕食の時間がとても楽しいものに変わりました。両親は仕事が忙しくても週に1回は家族で出かける時間をつくってくれました。弟や妹の面倒も両親や祖父母が見てくれて、自由に友達と遊べるようにもなりました。

自分の意思で遊びに行って楽しく過ごせたという経験は、「自分の意思で選んだことは、楽しいことである」という気づきへと変わっていきます。後悔君は自分の決断に自信が持てるようになり、自分の意見をきちんと表現できるようになりました。皆から信頼されて周囲を引っ張るリーダーとなり、生き生きしたものへと変化していきました。

留学や旅行、自分のやりたいことを始めた息子

2回目の話をつくり終えると、「今回もやっぱり俺同じなんだね」と息子は言いました。どちらの物語も、「面倒を見る」「周りを気にする」など同じようなキーワードが出てきました。

ただ、2回目の物語では、「リーダーとしての責任を持つことを楽しんでいる」という変化がありました。

その後、息子は語学留学でオーストラリアに行ったり、友達のところに遊びに行ったりしています。当初は職場の人から会社を辞めないように引きとめられていましたが、「とりあえずは1回自由になりたい」と彼は言っていました。自分で選んで行きたいところに遊びに行くというストーリーの通り、息子は島に行ったり、漁船に乗せてもらったりしてとても楽しそうでした。そろそろ就職活動をするようですが。

私は息子と一緒に物語をつくってみて、親として少し反省しました。夫と私はずっと仕事を頑張っていたので、子どもの気持ちを置き去りにしていたのかもしれなかったなと。息子が保育園に通っていた頃は「早く、早く」が私の口癖で、いつも急かして保育園に連れていっていました。この子は上にお兄ちゃんとお姉ちゃんがいるのですが、朝から晩まで保育園に預けてい

たので、息子が保育園にいた年下の子の面倒をよく見ていたのを覚えています。同居しているおじいちゃんとおばあちゃんのことも子どもなりに気にかけていて、彼のそんな性格もストーリーに表れていました。

物語によって自分の人生を振り返る

投影物語り法によって自分に優しく接することができる感じが今も心に残っていて、時々感動しています。昔の大変だったことも思い出してあげると、自分の体験を愛おしく感じられます。

自分を振り返られるというのは、とても良いことですね。他人が変わらないといけないと思うよりも、自分で自分の本心に気づいて理解していくほうが、自分が納得のいく選択をできます。選択には責任もついてきますが、自分の意思で物事を選択できると人生の幅が広がっていくものです。また、自分が話し手となるだけではなくて、誰かの物語を聞いてその世界を一緒に体験することにもすごく癒されます。聞かせていただいた物語の場面を時々思い浮かべると幸せを感じます。「反対の極の物語」を紡いでいくことで、世界がさらに広がっていく感じも素敵ですね。

江夏亮からのコメント

前半の「辛かった人生の物語」を紡ぐことで自分の理解が深まるというHさんのご意見を聞いて、「なるほどな」と思いました。そして、Hさんご自身も息子さんもトラウマなどが物語の出発点ではなくて、その困りごとは人生の中で誰もが持つような悩みです。こういった日常の悩みにも投影物語り法が役立つということも教えていただきました。

また、息子さんの物語では、反対の極にある肯定的な物語をつくるときに、「こういう環境に変わると自信がついていく」といった要素を意識して語られました。物語を紡ぐことで、どんな行動をすればよいかがわかるというのも興味深いです。つくった物語と同じ未来を歩むクライエントがいることを私も自分の臨床で確認しています。物語によって自分に必要なことが見えることが、その未来を引き寄せているのかもしれません。

Hさんが息子さんにされたように、子育てに投影物語り法を活用していただくアイディアは素晴らしいと思います。どんな方にも自分の肯定的な物語をつくっていく力があり、それが人生に良い影響を及ぼしていくことを改めて感じました。

ケーススタディ④

「意味がつながったという手応えを感じました」

Fさん（男性・30代）

【経歴】精神保健福祉士。臨床歴3年。地域の精神科クリニック内にあるデイケア施設に勤務。

患者は慢性期で比較的症状が落ち着いた方が主であるため、さまざまなプログラムを提案しやすい環境にあり、現在はフォーカシングのプログラムを提供。プログラムは1時間〜1時間半の枠で設定しており、午前のプログラムと午後のプログラムがある。プログラムを1カ月分出して、患者が好きなプログラムに参加できる仕組み。現在投影物語り法をプログラムに導入することを検討中。

こんな物語でも聞いてもらえるんだ

トラウマに関心があり、江夏先生の本を読んで講義を受けてみたかったことが投影物語り法の受講の理由です。講座が開催されたのはコロナ禍の時期で、自粛中だったので時間もありました。オンラインの講座だったため、地方に住んでいても受講することができました。

実は私がクライエントとして物語をつくったときには、劇的な変化はあまり感じませんでした。初めての挑戦ということもあって、自分がつくった物語をどう評価されるかということにまず不安を感じてしまったのです。「自分の物語はつまらないと思われていないだろうか？」と緊張してしまい、物語を自然に出せませんでした。

ただ、最終的には聞き手の方のあたたかい雰囲気のおかげもあって、とてもうれしい気持ちになりました。自分がつくったストーリーは、映画やドラマのような派手さや誰もが面白いと思うようなものではないのに、聞き手の方が関心をもって大事に思って聞いてくれているのを感じて。物語の主人公を「外国の金髪の子ども」という設定にしたときに、「自分は日本人なのに外国の子どもを主人公にするなんて、何を言っているんだろう」と思ったのですが、それでも自分の中から生まれた大切なキャラクターであることに変わりはありません。それを聞き手（セラピスト）の方が尊重してくれて、〃こんな物語でも聞いてもらえるんだ〃と実感できたのがとても新鮮でした。

良い雰囲気のまま、心地よく終了できる

また、セッション中は、〃真正面〃から自分を見るのではなくて、自分自身から目線を少し離して物語をつくっている感覚が芽生えました。セラピーでトラウマを扱うときは「安心安全」の確保が必要になります。「あくまでこれは物語である」という前提をもって、自分との距離感を保てると問題に真正面に向き合わずに済み、問題に触れていける利点があると感じました。

実際のところ、問題に真正面からぶつかってしまうと心がガクンと折れてしまって、それ以上向き合えなくなることはよくあります。統合失調症の方であれば、普段は穏やかであっても、何かの「壁」を感じると精神症状が強く現れることがあります。

でも、投影物語り法での講座では、そういった壁や危険性を感じることはまったくなくて、とても安全で優しい雰囲気でした。参加者の方と一緒にワーッとなって物語をつくった後は、研究会の皆さんを身近に感じて好きにもなりました。誰かと一緒に何かに取り組んだときに生ま

れる良いムードがあって、「良い雰囲気だな、楽しかったな。良い日だった」と心地よく終了できました。

ゾーンに入っていく感覚

聞き手（セラピスト）役になったときには興味深い体験をしました。

話し手（クライエント）と物語を一緒に紡いでいくときに、「そうだよね」と話し合ったり、「こういう物語があったらどうだろう」という中で流れていた空気はクリエイティブで、特別なものでした。まるで〝優しい実験〟をしているような感じ。困りごとや気がかりなどのネガティブなテーマを扱っているのにとても前向きな雰囲気で、「この話の展開はどうだろう」といったやりとりの中で、何かが動いていく時間がとても良かったです。話し手と聞き手が本当に関心を持って物語を紡ぎ合える、集中できる場になっていました。相手の物語を肯定的に聞く姿勢が一貫しているからこそ、良い場ができてくるし、どんどん集中して前のめりになって、ゾーンに入っていくように感じました。

また、私自身が話し手であっても聞き手であっても感じたのは、物語であるけれども、それは

「自分の中にあるものとどこかでつながっている」ということです。自分自身から遠く離して物語を紡いだつもりでも、出来上がったストーリーは自分のテーマと通底している。自分が思いもよらないような話でも、必ず「意味がつながった」というような手応えを感じました。

自分が自分でいられる安全な感覚と共にいる

以前は、自分や他人が辛い気持ちを感じたときに、すべてを吐き出すほうが良いと思っていた節がどこかにあったような気がします。しかし、まずは「自分が自分でいられる」という安心安全な感覚でいて、その中で患者さんと関わることが大切だと感じるようになりました。

私はまだ投影物語り法を仕事として提供していませんが、患者さんに提供したいという意欲はあります。今、フォーカシングを絵で描くプログラムを提供しているのも、統合失調症もうつも知的障害の患者さんもみんなで一緒の場で参加できて、辛い思いをせずに楽しんでもらいたいからです。

精神科のデイケアにやってくる方は病態レベルも病名もさまざまで、そのような中で場をファシリテートするにあたっての課題はあります。また、私が勤務するクリニックでは統合失調症の患者さんが多いので、そこで出てくる「妄想的な語り」と、投影物語り法での「物語という語り」をどううまくつなげて行えるか。あるいは切り離して行えるかということも考えなくてはなりません。

でも、この技法はそれ自体がとても優しくて安全なので、精神科の患者さんなどにも提供できるはずだと思っています。精神症状が現れるとしても、繊細な彼、彼女たちは、自分の内側にあるものがストーリーとして表れることに敏感に気づくでしょう。

私は医療機関に勤務していますから、現状は「患者さんにアセスメントをして、診断を下して治療をする」という方針の下で動いています。

ただ、私の個人的な思いはそうではなく、患者さんを分析することもときには必要ですが、そこに少し抗っていきたい。目線を合わせて寄り添う存在でいたい。投影物語り法のあたたかい雰囲気が好きなのは、それが理由かもしれません。

今後、患者さんと一緒に物語をつくったとき、「すごく面白かったね、いい時間だったね」と言い合えれば、本当にそれで良いなと思っています。将来的に、クリニックで投影物語り法のプログラムを提供していきたいです。

江夏亮からのコメント

アメリカに、「ペインティングプロセス」というセラピーがあります。大きな紙を自分の前に置いて、心に浮かんだものや自分のテーマを自由にさまざまな形で表現する手法です。

心に浮かんだことを表現する心理療法は、ゲシュタルト療法を始めとしてたくさんありますが、ペインティングプロセスのユニークな点は、絵を「プロセス」で捉えること。絵を描くことはプロセスであり、絵を描いている最中にはさまざまなものが現れてきます。そしてゾーンに入っていくと、自分でも恥ずかしいと思っていたことが絵として現れて、次々に変容していきます。それとともに自分の深い部分が癒されもします。これは投影物語り法と共通します。

また、絵を描くことに行き詰まると、ファシリテーターがいろいろな話をしてくれます。このときのファシリテーターのあたたかくて何でも受け入れてくれる雰囲気が非常に大切です。自分で「嫌だな」「恥ずかしい」と思っているような自分自身や困りごとを、誰かがしっかり受け止めて、それと向き合うのを一生懸命手伝ってくれる。それだけでもうれしいことで、クライエントのリソースになります。

投影物語り法においても、このセラピストのあたたかくて優しい姿勢は重要です。ですからセラピーの場では、問題の原因を断言することはありません。クライエントにフィードバックをするにしても、「ストーリーとしてこんなことが出てきたから、こういう理由もあるかもしれませんね」ぐらいにやんわりとお伝えします。「絶対に○○が原因である」と強く言うほど、本人は心の奥でそれを恥ずかしいと思ったり、そんな自分を受け入れられなかったりする気持ちが働きます。ですので、「こういうこともあるかもね。でもわかんないね。物語だから」程度のあいまいな伝え方で十分です。セラピーの効果は「一助」になるくらいがちょうど良いものなのです。

さまざまな場面で使える投影物語り法

さて、ここまでで4人の方のケーススタディをご紹介してきました。最後にまとめとして、さまざまな現場で投影物語り法を使うアイディアをお伝えしたいと思います。

1 心理療法として使う

公認心理師、臨床心理士の技法として、このメソッドを使うことができます。これまで解説してきたように、トラウマや強迫症など、さまざまな症状が解消された事例があります。最近では、抑うつ気味のクライエントにも使い、うつの原因が明らかになったことがありました。物語づくりは遊び感覚で行えるため、クライエントとの信頼関係（ラポール）を築く際にも有効です。

認知行動療法であれば、歪んだ認知の形成プロセスを探求するときに、前半の「認知が歪む原因となった（辛い）物語」をつくり、後半で「反対の極の（肯定的な）物語」をつくると、その落差によって、認知の変容を促しやすくなります。

また、精神力動系のアプローチでは、成育歴の影響を探るときにクライエントからの抵抗がある場合にも、投影物語り法は役に立ちます。「他人の物語」として問題を扱うと、クライエントからの抵抗が弱くなります。

来談者中心療法に組み入れる場合は、セラピストがどうしても受容できないクライエントの行動パターンを外在化して物語をつくると、クライエントの背景への理解が深まります。結果、クライエントをより尊重できるようになるでしょう。

ゲシュタルト療法の場合は、セッションが行き詰まった場面でその行き詰まりそのものを外在化します。すると、そこからセラピーがさらに深化します。

トラウマを扱う際には、「他人の物語」として問題を扱うことで、俗に言われる「心の傷口を開く痛み」が少なくて済み、それでいて本質的な状況は失われないメリットがあります。また、反対の極の物語をつくることで、安心・安全を感じられる体験が傷口を塞いでくれて、癒しに導くこともできます。

その他、心理臨床の場に限らず、医療、介護現場、ボディセラピーの場などでも幅広く活用できます。

2 学校で使う

小学校、中学校、高校などの保健室の場、スクールカウンセリングなどでも投影物語り法は有効だと思います。子どもは虐待を受けていてもその事実を話したがらないことが多いですし、言語化も苦手です。また、セラピーを真正面から受けることにも慣れていません。子どもと遊ぶ一貫として、投影物語り法を使うと良いのではないでしょうか。当然、つくった物語は守秘義務がありますので、秘密厳守が原則となります。

過去にはひきこもりのお子さんを持つ親御さんたちに、子どもがひきこもって当然の物語をつくってもらったことがありました。すると、それぞれの親御さんは、それまで見落としていた子どもへの大事な気づきを得て、その後の有効な対応法につながりました。

3 キャリアカウンセリングで使う

投影物語り法の「反対の極の物語」は肯定的な物語です。クライエントの明るい未来をつくっていくキャリアカウンセリングの場などでもこのメソッドは役立ちます。

実際に、再就職支援で物語づくりをしている受講生もいます。物語づくりをされた再就職支援講習の生徒さんの感想文に、「第三者（の物語）に置き換えることで解決の糸口になるのではと思った」「主人公の成長が自分にもつながると思った」「サポーターをしてくれた方のアイディアでさらに物語がふくらんで、二人で取り組んで出来上がったときの達成感が良かったです」という声があったそうです。私の臨床でも、ハワイに癒しの拠点をつくりたいとおっしゃっていた方が数年後にそれを実現しました（19頁参照）。どうしても一歩踏み出せないという方も、キャリアカウンセリングの場面ではトラウマなどが出てくるかもしれません。そんなときでも、投影物語り法のアプローチならトラウマなどの影響を軽減してくれるでしょう。

また、中には「社長になりたい」とか「1億円稼ぎたい」といったあまりにも皮相的、短絡的で、その人にとって現実離れした夢を物語としてつくる方もいます。そういった夢にとらわれているときは、あえてそのまま、「（社長になりたい、1億円稼ぎたい）と思って当然」という物語をつくってみます。そうすると、夢にとらわれている原因の一つが見つかるかもしれません。その原因となった物語と反対の極の物語をつくることで、現実離れしたとらわれが弱まり、より現実的に自分を見つめられる可能性があります。このように、アイディア次第で、さまざまな場面でこのメソッドを使えるでしょう。単発のセッションではなく、複数回受けるコース設定にするといった工夫をしても良いかもしれません。

おわりに

人には人が必要です。クライエントの話を聞いていると、辛い経験をしたり傷ついたりしたときに、そばに助けてくれる人がいなかった場合が多いです。助けを求められる人がいないとトラウマになるケースがある一方で、誰かが守ってくれた、話を聞いてくれた、慰めてくれた、自分の辛さをわかってくれた、もしもそのような人がいてくれたら、トラウマの程度は変わっていたかもしれないと思われます。もしくはトラウマになってはいなかったかも……。

辛い体験がトラウマになって後遺症に苦しむ人もいれば、その辛い経験を糧にして人として成長する人もいます。その違いは何でしょうか。

臨床心理学の中に、トラウマ後に起こる成長と回復についての研究をしている人たちがいます。幼児期に虐待を受けた人々を対象にしたある研究によると、前進する手助けになる要因の中には、純粋な受容、愛されている、大切にされているという実感、所属やつながりの意識が含まれているということです。

人間は、自分を大切にしてくれる、愛してくれる人が必要なのです。その愛が純粋であればあるほど、人を癒し元気にしてくれます。

臨床の現場でトラウマを抱えているクライエントのカウンセリングをしていると、クライエントが無言になるときがあります。クライエントが何も話さなくなるとカウンセリングを進められないので、セラピストは苦労します。クライエントの気持ちを一生懸命に推測したりもします。

〝何か言葉を探しているのだろうか？　いや、それにしては、無言の時間が長すぎる。話したくないのだろうか。しかし、このまま、その気持ちを尊重して待っても時間が10分、20分、30分と流れそうだ。どうしよう。無意識の抵抗かもしれない。それならば、抵抗を取り上げて言語化してみよう〟等々。セラピーが行き詰まっているように感じたりもします。

私がこのようなクライエントの状態を理解するために役立ったのが、ポリヴェーガル理論と解離の研究でした。

無言のクライエントは「話さない」のではなく、「話せない」意識状態にある、もしくは、脳の状態にあると気づきました。クライエント自身も気づいていませんが、その瞬間、トラウマを受けたときの状態が再現されていたのです。自律神経系が本人の意識とは無関係に自動的に働いていた。例えば、「凍り付き」を起こしたり、ショックで頭が真っ白になって考えられなくなったり。あるいは軽く解離して、セラピストの言葉という情報そのものがシャットダウンされていたり。言語を理解する脳の部位が働かなくなったり、発話を司る部位が麻痺したりしていたのです。クライエントの意思とは無関係に。

最初は普通に話をしていたのに、母親の話や、職場でのストレスを話してもらおうとすると、突然無言になるクライエントがいます。しかし、困りごとを外在化して、そのような状況で「他人」という枠組みで、どのような歴史と背景があればそうなって当然かという物語を創作してもらうとどうでしょう。まるで映画を観ているように私はその場面と物語を感じられます。そこで語られる話は、実は、クライエント自身の成育歴のある場面であったり、成育歴が少し偽装されているけれど感じるインパクトの大きさは同じだったりする物語がほとんどです。このような形で、ほぼ即興で物語をつくっていただくと、人は自分が経験したことを無意識から拾い上げて、言葉を紡いでいくようです。断片化され、遊離している記憶の要素を、「物語」という形でつなぎ合わせて、紡いでいるのでしょう。紡がれた言葉は、語るクライエント自身にとっても説得力があり、セラピストも「そんなことがあれば、誰だってそうなるよね」と納得します。その瞬間にセラピストとクライエントの間に大切なものが共有され、クライエントは、あたかも自分のトラウマとなる出来事を話し、受け止めてもらったかのように、心が軽くなるようです。

逆に、経験したことのない要素は、クライエントの発想に上ることはありません。人から優しくされた経験のない人は、人が優しくしてくれるという発想すらも思い浮かびません。自分がトラウマを負うほど辛いときに孤立していた人は、辛いときに人に助けを求めるという発想が出てきません。そんな方に「周りの人に助けを求めたらどうですか」というアドバイスをしても、ほとんど受け入れられず、役に立たないでしょう。

そんな場合はどうしたら良いのでしょうか。

辛いときに孤立した経験しかなかった人が、「辛いときに人から助けてもらう」という経験をすると、その人は「助けてもらう可能性」が頭に浮かぶようになります。そしてそのほうがはるかに良い結果を導くので、助けてもらうことを選択できるようになります。このような考えに基づいて、反対の極の物語を投影物語り法ではつくっています。さらに、実際の体験のような影響を心身に残してもらうために、主人公の気持ちと身体感覚を感じてもらうように努めます。

これは投影物語り法研究会の微々たる臨床経験によるものですが、このようにして出来上がった投影物語り法は、私だけでなく、学んだ支援者の方々もその効果を感じていらっしゃいます。

どんな症状、困りごとにも背景と歴史があります。それを明らかにすれば、原因を突き止められ、回復のお手伝いができます。この本をお読みいただき、そのような支援者が、良い仕事を必要としている人に、一人でも多く届けられることを心から願います。

最後になりましたが、この本は多くの方のおかげでできました。投影物語り法研究会事務局の伊藤直信さんには本の執筆を強く後押ししていただきました。同じく投影物語り法研究会事務局の原早織さんにも大きなサポートをいただきました。本当にありがとうございます。また、物語を提供してくださった方々にも感謝いたします。最後に日貿出版社の編集の下村敦夫さん、ライターの半澤絹子さんにお礼を申し上げます。ありがとうございます。

２０２５年　春　江夏亮

江夏 亮（えなつ・あきら）

「江夏 心の健康相談室」代表／公認心理師／化学工学修士（東京大学）／トランスパーソナル心理学修士（ITP）／元カリフォルニア臨床心理大学院日本校准教授（実習ディレクター）／京都大学非常勤講師（2002年度）／元日本ゲシュタルト療法学会スーパーバイザー。

東京大学卒業後、日本鋼管（現JFEスチール）中央研究所へ入社。退職後東京ゲシュタルト研究所のチーフマネージャー講師として夢のクラスや「夢とアートを使った創造性開発コース」等のプログラム開発に従事。

現在「江夏 心の健康相談室」の代表を務め、個人セッション、グループワークを行う。また心理学コンサルタントとしても講演、研修、雑誌の原稿執筆と幅広く活躍中。プロのカウンセラーや心理学の専門家のためのセラピストとして信頼を集めている。現在、メンタルヘルスの企業研修や個人カウンセリング、精神科医やカウンセラーの指導も行う。

著書に『プロカウンセラーが書いた自分でできる夢分析 ハイヤーセルフからのメッセージ』（PHP研究所）ほか。

江夏 心の健康相談室ウェブサイト
https://enatsu-kokoro.com/
（投影物語り法の講座情報もこちらから）

※江夏 心は名前ではなく、江夏 亮が「心の相談」を引き受ける「室」でありたい、という想いからつけられた場所の名前です。

（参考文献）

『ポリヴェーガル理論入門　心身に変革をおこす「安全」と「絆」』ステファン・W・ポージェス　著、花丘ちぐさ　訳　春秋社

『解離性障害　多重人格の理解と治療』岡野憲一郎　著　岩崎学術出版社

『PTSDとトラウマの心理療法ケースブック　多彩なアプローチの統合による実践事例』バベット・ロスチャイルド　著　久保隆司　訳　創元社

『トラウマと記憶　脳・身体に刻まれた過去からの回復』ピーター・A・ラヴィーン　著　花丘ちぐさ　訳　春秋社

心《こころ》の扉《とびら》をクリックする
心理《しんり》カウンセリング 投影物語《とうえいものがた》り法入門《ほうにゅうもん》

●定価はカバーに表示してあります

2025年3月10日　初版発行

著　者　江夏《えなつ》 亮《あきら》
発行者　川内 長成
発行所　株式会社日貿出版社
東京都文京区本郷5-2-2　〒113-0033
電話　(03) 5805-3303（代表）
FAX　(03) 5805-3307
振替　00180-3-18495

印刷　株式会社シナノ パブリッシング プレス
ライター　半澤絹子
カバーデザイン　野瀬友子

ISBN978-4-8170-7060-9　http://www.nichibou.co.jp/